Your journey to emotional wellbeing

PATHWAYS

陪每天的自己聊聊

英國生命線個人情緒覺察手冊

BY

KATIE COLOMBUS

凱蒂・可倫波斯——著

謝明憲——譯

目錄

7 我懂得覺察自己的情緒 189

8 我接受每個當下的自己 227

【前言】

你的情緒需要你的觀照、同理和接納

溫柔看待自己的情緒

隨著日常生活的忙碌和喧囂，我們可能很難滿足社會的要求、金錢的憂慮、工作的困難、家庭的問題、感情關係的戲碼、不切實際的審美標準壓力、照顧他人、計畫未來……。有時候我們勉強應付過去了，但有時候我們失去了平衡。失衡時，我們的情緒往往令人痛苦。而看出自己的失衡是非常重要的，因爲如果我們對負面的感受置之不理，事情就可能變得更糟，有時甚至會惡化爲極度的苦痛。

近來的全球事件層出不窮又令人不知所措，這就是爲什麼現在努力檢視自己來了解我們心中的現況，以及想搞清楚自己爲何會有某種想法和感覺，會比其他任何時候都來得更重要。

情緒健康與身體健康的重要性是同等的，因爲情緒會影響每個人。即使是心理學家也會有情緒方面的問題，就如同醫生也避免不了感冒一樣。當你的身體不斷地出現疼痛或疼痛持續很長一段時間，你就會吃止痛藥。如果疼痛沒有解除，你也會找人談這件事。情緒上的痛苦也是如此。倘若我們沒有撥出時間停下來傾聽自己，並在必要時尋求協助，這樣無異是讓傷口再次受到二度傷害。我們必須學會重建自己的思維框架來獲得療癒，而不是一味壓抑自己的感受。重要的是，我們必須看出自己的行爲模式，並了解感受在身體和情緒上是如何表現的，這麼做可幫助我們發展恢復力來處理嚴重的狀況。

我們都有獲得他人的重視、聆聽和認可的基本需求。與他人發展出滿足這些渴望的關係是必要的，然而同樣重要的是，我們也必須確保自己付出同樣的努力來與自己發展出相同程度的連結。撒瑪利亞會當初發展的主動傾聽原則，就是用來即時安慰人心，穩定人們的安全感，並讓他們明白，不論他們說什麼都不會受到論斷；讓人們知道，他們目前所經歷的一切都是合理的，且不論他們的想法或感受是什麼都是可接受和理解的。這本書的目的是要幫助你以同樣的同理、同情、接受和信任來對待自己。只要將這些原則付諸實踐一段時間，我們便能保持在更平穩的狀態。

我們每天都聽別人說話來讓他們知道，我們是在乎他們的。我們嘗試減輕朋友、家人、摯愛的人和同事的擔憂，而我們採取的方法是對他們付出全然的注意力或是分散他們的注意力、保持冷靜、利用正增強作用等等。然而，出於某種原因，我們內在的自我敘述往往是不仁慈的。我們跟自己說話的方式，可能完全迥異於我們跟別人說話的方式。事實上，我們這一生發展的所有關係中，往往最具批判性的就是我們跟自己的關係，尤其是當我們在思想和感受上遇到困難的時候。

或許這與經常是出於某種善意的社會制約有關。想像一下對孩子說「不要哭」或「別那麼生氣嘛」的父母或老師。他們之所以說這些話，是因爲他們不想看見極度苦痛的孩子，這會令人煩惱；反之，他們比較想看見孩子有更和諧或更正向的感受。但隨著時間過去，這反而教導了我們，我們不該有負面的情緒，於是乎我們學會潛抑這些情緒。可是經歷人生的難關而沒有出口，會導致我們的情緒健康失去平衡。因此，本書將檢視那些能讓你重新與自己建立良好關係的方法，並以安全的方式對這些想法和感受進行探討。

自我探索的重要性

撒瑪利亞會並不給建議。我們只是試著幫助人們體認到，我們都是人；我們都會犯錯。我們不必給自己設定高不可攀的標準，而是應該偶爾讓自己喘息一下，並且了解到，我們現在的感受是完全可以被接納的；不論我們在這特殊的時刻經歷了什麼，我們會有這樣的反應其實是非常合理的。

我們傾聽別人說話就是提供對方安全的處所，好讓他們能自行釐清眼前的狀況，以及他們想要如何處理它。同樣的，這本書中的空白處也提供你中立的空間，使你能不帶任何論斷地探索任何你想探討之事。我們或許會提供一、兩個建議來鼓勵你，並幫助你詳細說明或釐清問題，然而這畢竟是你的日記，是你自己要走的旅程。

但願你能了解，你現在會有這樣的反應，其實可以從情感、身體和神經系統獲得合理的解釋。一旦你明白了這些，你便可以開始自行找出讓自己感覺更好的處理方法。療癒、心理健全和情緒健康，這些旅程都極爲個人化，它們之中並沒有對或錯。所以，你就做你自己吧！去找出最符合你的個性、價值觀、生活方式、興趣和喜好的處理方法。倘若某個辦法行不通，那就試試別的方法。培養善待自己和疼惜自己的習慣有許多的方式，而你有權選擇最適合你的。

你比任何人都更了解你自己，因此你會曉得，要達到自己想要的狀態必須付出什麼。事實上，你有足夠的力量走出自己的道路。這條路也許是漫長又迂迴的，並且有時候還會遇到見樹不見林的狀況。然而，千里之行，始於足下，藉由釐清自己的旅程和方法，你甚至會了解到，這些事帶給你的感受未必會一直是現在這個樣子。大腦是個奇妙的工具，只要得到正確的幫助，你就可以對它進行改寫，並以有益身心的方式來重新訓練你的思維。當你覺得自己孤軍奮鬥實在太辛苦時，也永遠會有人聽你傾訴。

關於本書

寫日記是相當具正念性的活動，它會以健康的方式占用你的心理狀態，讓你專注當下而不必擔心過去已發生之事，或是害怕未來可能發生的事。

讓本書成爲你探索人生現況的提醒，並優先安排時間專注於你自己（順帶一提，這並不是一種奢侈，而是一種必要）。日記的內容有撒瑪利亞會的志工及專家的簡單說明、意見、提示和想法來幫助你更加了解自己，其中也包括自我反思、好奇心和創意表達的部分。它們能幫助你釐清你的感受及其發生的原因，如此一來，倘若或者當它們再次發生時，你就有辦法減少那些負面的感覺。

你可以把日記視爲安全的地方，把自己想要記錄的任何東西寫下來、畫出來、塗鴉、做成列表或文字雲。要記住：重點在於整個過程，而不是最後的成品。你完全不必有必須把字寫得整齊或拼寫正確的壓力。它的重點在於連結：首先，將你的筆連結到紙上；接著，把你的想法連結到你的情緒。此外，我們會了解到與當下連結的重要性：情緒如何連結行爲，心智如何連結身體，以及我們如何像傾聽那些需要被聽見的人那樣來傾聽自己。

不論你的日記最後寫了什麼，它都有它的美。如果你不喜歡，你也可以把它擦掉重來——這只有你知道。

＊請注意：此日記的目的和意圖不是為了診斷或貼標籤，也不是要懷疑某種心理疾病或障礙，讀者明白這一點是很重要的。此外，它也絕不是與撒瑪利亞會接觸的另一種方式。如果你目前正在苦苦掙扎並且需要支持，請務必尋求幫助。

「林中分出兩條路，

我走上人跡杳然的那一條。」

—— 美國詩人　羅伯特・佛洛斯特（Robert Frost）

1

我是安全的

這日記是要藉由走上這趟獨一無二的個人旅程來找出你自己的道路。在你透過此日記來找出自己的道路時，你可能會出現負面的想法或不愉快的回憶。

任何時候，只要你發現自己難以處理這日記或那些話語和提示所挖掘出來的任何東西，你便可以嘗試某種涉及呼吸調整或觀想安全之地的自我安撫練習。

如果你已經知道自我安撫或使自己冷靜下來的最佳方法，那麼就在下面寫一些摘記。

如果你以前從未做過這件事，那麼接下來你會看到關於幾個練習的建議：

- 簡單的呼吸練習
- 觀想練習
- 肌肉放鬆練習

此外，第27至30頁也有「我的情緒支持計畫書」，可以幫助你看出，何時你的想法或感受已經過於嚴重而可能需要一點協助。你可以在心情平靜時填寫這些內容，並隨時回來參閱。

備註：

呼吸練習

你也許想要坐著做這個練習，又或者你比較喜歡躺著做。只要能讓你感到最大的放鬆，怎麼做都可以。

也許閉上眼睛你會覺得更自在，或者你想要一直都睜開眼睛。同樣的，這完全由你來決定。

如果你是坐著，就去感受你的腳與地板連結，你的背與椅子連結。如果你是躺著，就去感受你整個身體與地板連結。

吸氣。

閉氣。

吐氣。

再次重複。

有些人喜歡慢慢地吸氣數四下，輕輕地閉氣數四下，然後緩緩地吐氣數六下。你可以按照這個方法做。

吸氣。在你的心中說：**我知道我在吸氣**。

吐氣。在你的心中說：**我知道我在吐氣**。

感受吸氣與吐氣是如何連結的。

吐氣時，感受你的肌肉變軟和放鬆。

感受你的身體與心智的連結。

感受所有的緊張消失無蹤。

繼續緩慢地吸氣和吐氣，需要做多久就做多久。

觀想練習

想一處你認爲可以代表安全空間的地方。在心中想像它。選一個地方，這地方能使你感到自在又平靜，並且充滿了正面的聯想。

首先，你可以慢慢地吸氣數四下，然後吐氣數六下，讓自己集中注意力。當你的呼吸已穩定於順暢又放鬆的節奏時，在腦海中觀想你的安全空間。

觀想時，你可以睜眼或閉眼、站著或坐著。你可以想像任何令你感到舒服的地方：豔陽下的海灘、家裡的客廳、森林或你的車子。

或者，你的安全空間就在此時此地。放眼周遭，你覺得現在這個地方就很舒服。它可以是任何地方，只要你覺得舒服就行。重要的是，你要在呼吸變得平靜時想出這地方的畫面，並且了解到，你可以隨時回到心中這地方來感受穩定和滿足。

用文字描述你的安全空間：

這地方看起來是怎樣的？

你能看到什麼顏色？

你聞到什麼？

你感受到什麼？

你能聽見什麼？

你腳踩的地面感覺如何？

你想跟這個畫面相處多久就多久。接著，當你準備就緒，將你的肩膀向後畫小圓：一次、二次、三次。你也可以先聳肩，吐氣時再將肩膀放下。如果覺得舒服的話，你甚至可以將兩臂向上往外高舉，吐氣時再緩緩地把兩臂放下來。這動作你想做幾次都可以，直到你感覺穩定及準備好做其他的事。

別忘了，只要你想要，可以隨時回到這個安全之地。

如果你想要的話，也可以把你的安全空間畫出來：

肌肉放鬆練習

進階的肌肉放鬆涉及到肌肉的連續收緊和放鬆。放鬆肌肉時，想像所有的緊張都釋放了，這樣做會有好處。有些人發現這能有助他們感到更平靜、更穩定。這個練習你想做多久都可以。

- 找個地方坐下來，雙腳著地與肩同寬。如果你比較喜歡躺著，也可以躺下來。
- 用鼻子深吸一口氣。閉氣幾秒鐘，接著從嘴巴慢慢地吐氣。
- 將注意力集中在你的身體上。注意全身上下的任何感受。持續緩慢且穩定地呼吸。
- 若發覺自己的思緒飄走了，你只要清楚地知道這件事，然後慢慢地將注意力帶回到身體上。

- 先從頭部的肌肉開始。抬高眉毛，停住十秒鐘，以這種方式綳緊前額的肌肉，同時緩緩地吸氣。
- 放下你的眉毛，同時吐氣，想像那些緊綳都離開了你的身體。
- 休息幾秒鐘後，再依序往下放鬆全身的肌肉。先從臉部其他的肌肉開始，接著是頸部和肩膀，然後是手臂、胸部、腹部、腿部和足部。做每個部位時，都要想像那些緊綳消失了。

做完後，別馬上站起來。待在原地一分鐘或數分鐘後，再慢慢地起身。

每當你發現自己感到壓力、心煩或焦慮時，便可運用這個技巧。

我的情緒支持計畫書

在你感到平靜又輕鬆時填寫這份計畫書。每當你覺得不知如何是好，就回來參考它。

我如何曉得自己開始感到心煩、不知所措或不舒服？

（例如：心跳加速、噁心。）

每當我的想法和情緒令我感到不知所措時，我需要的是什麼？

（例如：將自己裹在毯子裡、哭泣、轉移注意力、打電話給某人。）

轉移注意力的方法有：

（例如：沖澡、外出散步、規劃這一天、列出可以達成的工作。）

我可以對自己說：

（例如：「這會過去的。」）

我可以尋求幫助的方式有：

（例如：跟某人談話。）

帶給我希望的事物有：

（寫下一些能帶給你希望的事物。它們可以是你喜歡的東西、你的期待、或任何令你感到振奮的事物。）

……

我可以打電話給：

（例如：朋友、摯愛的人、家人、同事、鄰居、支援人士。）

姓名……

電話號碼……

姓名……

電話號碼……

姓名……

電話號碼……

姓名……………………

電話號碼……………………

我所知的本地支援服務有：

（我的全科醫生❶、團體、支持者、照顧者、治療師、諮商師。）

……………………

緊要關頭時，我可以打電話一一六一二三給撒瑪利亞會，或寄電子郵件到jo@samaritans.org。必要時，我也可以打九九九叫救護車。❷

編註：

❶英國的醫療體制採診所註冊制，民眾需至居住地的診所註冊並選定全科醫生（General Practitioner），各種大小毛病先至診所諮詢你的全科醫生，經初步診斷後再視情況決定要不要去看專科醫生。

❷此處敘述適用於英國，在台灣則可撥打衛生福利部１９２５免付費安心專線。

2
我是有價值的

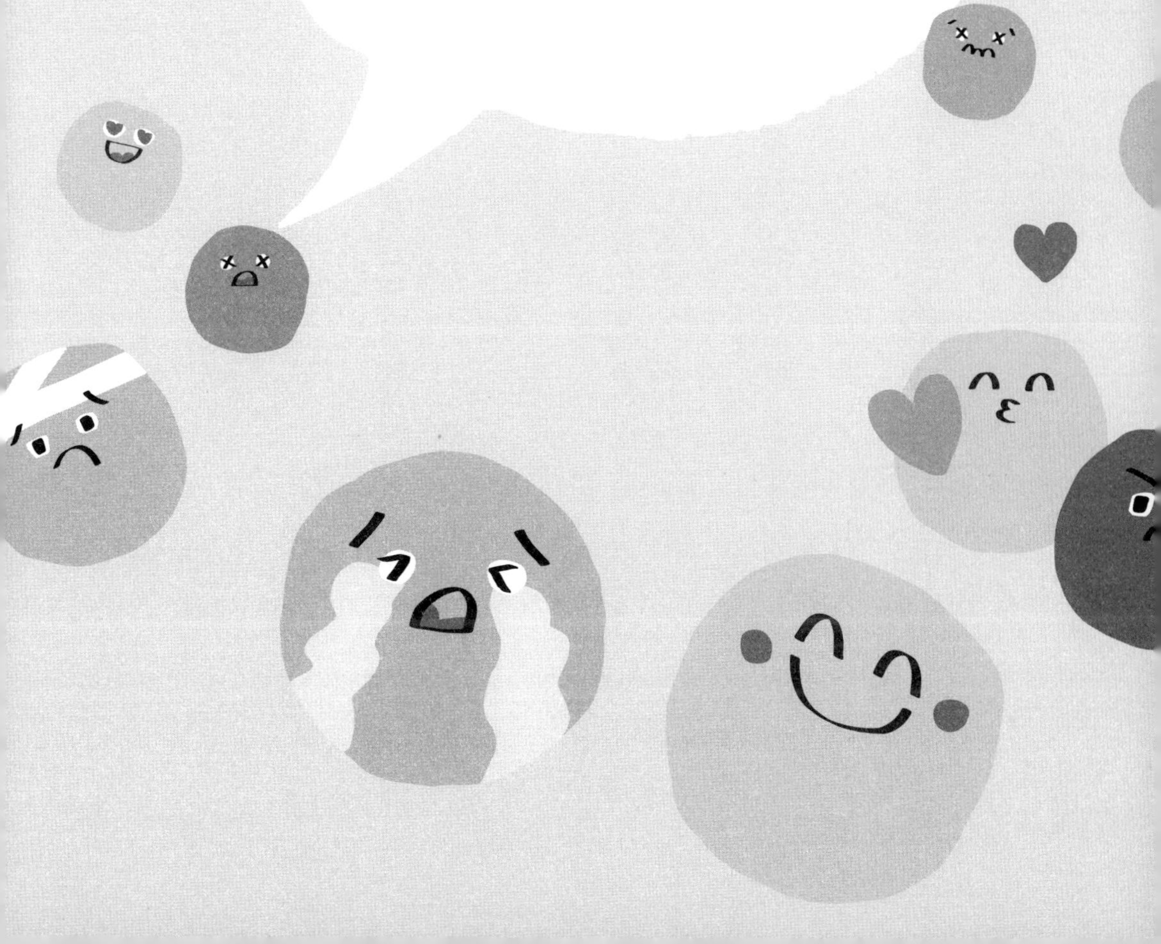

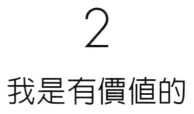

認識撒瑪利亞會的價值觀

撒瑪利亞會有五個核心價值觀。

第一是**傾聽**，這也是最重要的。因爲探索感受可以緩和極度的苦痛，並有助人們更了解其狀況及那些對他們敞開的選擇。

第二是**保密**。當人們感到安全時，他們就更可能說出自己的感受。

第三是**不論斷**。因爲我們希望人們能對我們暢所欲言，而不必擔心我們會有成見或不以爲然，並在他們作自己的決定時能感受到我們的支持。

第四是我們認爲人們有權利去**找到自己的解決方法**，而告訴人們該怎麼做會剝奪他們的力量和責任。

最後，我們相信**人與人的接觸**的重要性。因爲付出時間、全部的注意力和同理心，能滿足人們的基本情感需求，從而減少他們的極度苦痛和絕望。

你最重視的事物

想一下你個人最重視的是什麼。以下所列出的事物中，若有符合你最重視的東西，就將它們標示出來，或是在下方的空白處增列你最重視的事物。

我個人最重視的是……

誠實　穩定性

幽默　家庭

傾聽別人說話　財富

安全　閒暇時光

平靜　尊重

責任　力量

溝通
獨立
靈性
朋友
智慧
成就
知識
成功
激發信心

與他人的眞實連結
創造
理性
道德
愛
美麗
不論斷人
放鬆

你可以在此設定意圖：

（例如：我要用自己最重視的這些事物來引導我的選擇。）

意圖：

備註：

撒瑪利亞會的行事態度

在撒瑪利亞會，我們的行事態度是支持、相信、希望和尊重。想想看，你如何將這些應用到你的日常生活中。

我支持自己的方法是：

……………………………………

我支持他人的方法是：

……………………………………

我相信自己能：

……………………………………

我相信別人能：

我希望：

別人希望跟我一樣，因爲：

我尊重自己的方式是：

我尊重別人的方式是：

如何傾聽自己的內在對話

在撒瑪利亞會，我們尋求傾聽和了解。我們透過提問、反應、總結、反思、釐清和鼓勵來幫助人們敞開他們的感受——用一種能促進眞正的對話的方式來傾聽他們說話。

這不僅適用於與人對話，它對於自我探索也很管用，並且能幫助我們處理自己的情緒。我們都能學會好好地傾聽自己的內在對話，從而更深入地覺察自己內在的現況。

好的傾聽是對訴說者表現出興趣和專注：想知道他們對於這些事情的感受、接受他們所說的、支持他們繼續走下去。正確的傾聽可以促使人們檢視他們自己話語中的小細節：他們一時的評論或輕率的回答，往往是在遮掩更重要的東西。因此，我們何不也對自己這樣做？我們可以覺察到那些占據我們大腦空間的巨大想法，但我們也可以學會傾聽，並意識到混亂的心思中那些更微小的細節。

傾聽是主動而非被動的，它必須付出時間、關懷和注意力。自我照顧也不例外，我們必須養成將它列爲優先的習慣，使覺察和接受成爲一種慣例。傾聽你的身體；傾聽你的想法；傾聽你的感受。它們在告訴你什麼呢？記得要優先照顧好自己的心，並知道它永遠可以向前找到突破困境的道路。

「噓」傾聽法

「噓」傾聽法的小訣竅，是爲了方便記住主動傾聽的主要重點。讓我們來看看我們是否能以傾聽別人的同樣方式，將它應用於傾聽我們自己。

S——表現出你的關心（**S**how you care）

H——有耐心（**H**ave patience）

U——用開放式的問題（**U**se open questions）

S——複述對方所說的話（**S**ay it back）

H——有勇氣（**H**ave courage）

表現出你的關心

騰出時間給自己。在這段時間裡，你可以將全部的注意力放在自己身上，而且只有你自己。透過優先考慮自己來表現你對自己有多麼關心。關掉所有會令你分心的東西。在這數位連結的時代，生活可能會極度忙碌，同時做多件事也已成爲常態。我們喜歡手機，但偶爾將它擱置一旁是很重要的。試著眞正把注意力放在了解自己新的一面上。去覺察你的身心在做什麼，以及你的想法或感受是什麼。此處的目標是：去發現並接受你自己的想法和情緒，然後了解如何不帶論斷地用同理心來回應它們。

你要如何對自己表現你的關心？

（例如：給自己時間寫日記、關掉手機、休息一下到戶外去走走。）

……………………………………

……………………………………

……………………………………

有耐心

你可能需要一些時間，並在幾次的欲筆還休之後才有辦法下筆。繼續試著找出自己感覺自在的新方法來探索你的想法。如果還不知道該怎麼做，也別勉強自己。要以慈悲和耐心來善待自己，並且提醒自己：這個地方是安全的，你可以隨時在想要的時候，寫下任何你想寫的東西。慢慢來，不必急。你可能需要一點時間才有辦法清楚地表達你的感受。試著放輕鬆來做這件事，然後看看會發生什麼。就像你在問別人發生什麼事時所表現出來的關心和體貼，你也要以同樣的方式來對待自己。要養成一種好習慣，告訴自己：不論現在你感受到什麼，它都是眞實且合情合理的。

用開放式的問題

每天練習問自己：「我現在感覺如何？」以及：「我現在的想法是什麼？」把問題坦露出來並不容易，因爲你可能不知道有某個東西正在影響你；你可能會避開它，或試著把問題隱藏起來。除非你已探索過，否則你甚至可能不知道問題的核心是什麼。因此，要採用具有好奇心的問法。避免問自己諸如「你感覺還好嗎？」之類的可以用「是」或「不是」回答的問題；相反的，你要用「你今天感覺怎樣？」之類的開放式問句，因爲這種問法能打開新的思路，而不會終止你的思考過程。接著，試著詳細描述——繼續探索，繼續思考：「關於那件事，我還可以說些什麼？」

你今天感覺怎樣？

現在，用這些開放式的問題來詳細描述：

時間——「我何時知道自己有這種感受？」

地點——「這發生在何處？」或：「我去哪裡就會開始有這種感覺？」

什麼——「其他還發生了什麼？」或：「我認爲是什麼讓我產生這種感覺？」

複述對方所說的話

寫下你的感受。透過把它們寫在紙上，將腦海中的想法吐露出來。探索你的感受，並寫下你對它們的感想。如果覺得自在的話，你可以把這些感想大聲地念給自己聽（或是念給別人聽，如果你想要的話）。聽自己大聲說話，通常能幫助我們以不同的方式處理自己的想法，因爲我們的回聽也是不同的。對你所寫或所畫的內容進行反思（不論它們是你對上述提示或是此日記其他問題的回答），以確認你了解自己所寫的感想。必要的話，你也可以加以釐清。你還想添加什麼內容嗎？你想用別的方式來表達自己嗎？試著眞正接受你在所寫或所畫的內容中所看到的一切，這麼做能幫助你了解那些環繞在你的情緒反應周圍的情況。

有勇氣

自我探索可能令人感到有點卻步。但別壓下問題，而是要有信心地打開它。把這些書頁想成是安全且中立的地方，你可以在此訴說任何你想說的，而不必擔心受人論斷。倘若你需要某些幫助來與其他人一起探索那些更屬於結構性的難題，那麼你可以回頭看第一章「你的情緒支持計畫書」。記得別對自己過於嚴苛——有時候，我們是自己最嚴厲的批評者！讓自己從日常生活的壓力和緊張中喘息一下，並優先安排一段時間（不論這時間給得有多麼短暫或多麼慷慨），來讓你以感覺自在的方式表達自己。養成正向的自我對話習慣，同時提醒自己：你**能**做到這件事；你**能**跟自己建立良好的關係；你**能**表達你現在的感受；自我照顧**是**第一優先。提醒自己，不論心中浮現的是什麼，你的感覺都是正常的。如果它過於難以應付，你也可以慢慢來或選擇遠離。

「合抱之木，生於毫末。」

—— 老子，《道德經》

列出你的目標清單

想一想，你想用這本日記來達成什麼，並思考一下你可以採取哪些小步驟來邁向這個目標。你可以從下列的建議中選擇，或是寫出你自己的。寫下意圖可能就是你的第一個里程碑。如果你想要的話，下頁空間可以讓你列出更多的清單。

我會利用這本書來：

- 培養更正面的心態
- 記得善待自己和他人
- 更了解大腦與情緒的連結方式
- 培養好習慣，例如：自我照顧和仁慈
- 了解自己的心情狀態

- 感覺更有希望
- 與自己連結得更好
- 更了解自己的情緒健康
- 養成疼惜自己和同理心的好習慣

你真正要的是什麼？

你認為自己能達成它嗎？

你會給相同處境的人什麼建議？

你可以採取哪些小步驟來走向更大的目標？

3

我是健康且平衡的

情緒健康量表

有許多正規的心理學方法可以用來描述我們的情緒有多麼「健康」。在撒瑪利亞會，我們用的是較不正式的情緒健康量表，它看起來有點像門擋的三角木。這個量表其實非常好用，它可以了解每個人在每天的特定時刻所處的情緒健康狀態，而其中有許多不斷在變化的部分：不同的生活事件、個人的問題、人際關係、工作、健康等等。這些事可能是內在或外在的。有些事我們能有某種程度的控制，其他的則完全無法掌控，這些都會影響我們、對我們造成衝擊。有時候這種衝擊是正面的，但如果我們經歷的是負面事件，它就可能對我們的處理能力造成重大的影響。而我們當天處於情緒健康量表的不同等級，也會對這個衝擊造成不同的變化。

我們都在這個量表上起起伏伏——它是不斷在變化的。我們可能在一小時、一天或短時間內就出現上下的起伏。當許多事件和狀況一步又一步地將我們往量表的下方推，就可能會開始出現問題。一旦問題滾成雪球，我們就會變得衰弱、焦慮、不穩定，從而出現一些身體和情緒上的反應，而這些反應會使我們很難靠自己再爬回量表的上方。它會在我們身上以不同的方式呈現出來，從將現況內化而感到麻木或退縮，到感受壓力和焦慮。日積月累下來，便可能會侵蝕我們的自尊、信心、自我感和價值感，導致我們不再覺得自己有力量、有價值或有應付這些反應的能力。

眞正重要的是要了解，每個人對事物的體驗各有不同。有些人可以很容易地處理現況，但他們卻不一定能了解你爲什麼現在處於量表的這個等級，或是爲什麼某件事對你來說是天大的事情，抑或爲什麼你會有那樣的感覺。原因很簡單——因爲他們不是你。他們過的不是你的生活；他們走的不是你的路；他們處理的不是你個人要面對的各種狀況。這些因素都會影響你是否覺得自己有能力處理額外的壓力，比如說，洗衣機壞了。

對某些人而言，在原有的規劃中意外出現洗衣機損壞這種不得不處理的事情時，他們可能會覺得厭煩，但還不至於認爲這是個災難。可是如果你正處於情緒健康量表的底端、你沒錢了、你正要洗面試穿的衣服、或是你覺得無法給孩子乾淨的衣服就是沒盡到父母的責任時，那麼它就確實是災難。

不論你處於量表的哪個等級，你都不會跟別人一樣。認清楚你在哪一個等級，並了解你能夠爲此做什麼，這才是最重要的。透過讓那些可能影響我們的內在和外在因素維持良好的平衡，我們便可以擁有使自己保持在量表中上等級的優勢。要做到這一點，我們可以每天檢視自己，甚至是一天多次的檢視，來看我們是處於情緒健康量表的哪個等級。我們必須允許自己找時間去問：我現在到底怎麼了？我現在必須處理哪些不同的事？我能獨自應付這些事，還是我需要尋求幫助？

如果喜歡的話，你可以把量表當作像錨一樣的工具，在閱讀這本書時，隨時回來檢視一下自己在量表中的哪個等級。你可能會發現，當你處於量表的頂端時，有時你的恢復力會變得非常好。此時，你或許可以想想處於最佳狀態的你會是什麼光景——最好的你看起來是什麼樣子？哪些內在和外在的條件最能幫助你感到平衡？有時候要回到量表的上方，感覺就像爬山一樣。因此當你發現自己從量表中滑落時，你可以在比較平靜的時候計畫一些策略來幫助你回到量表的頂端。

當你處於量表的頂端時，你會感覺良好，並有能力處理日常生活的一切，而且你會發現，你會用「我會」或「我可以」之類的語詞；相反的，當你處於量表的底端時，你會開始用「我試試看」、「我沒辦法」或「我之前試過了，但不知道這次能不能」之類的語詞。隨著時間的累積，要學會看出你已開始懷疑自己是有可能的。因此，要繼續保持好奇心，並持續覺察你每一天的感受。

情緒健康量表

在1（感覺良好）和10（感覺糟糕透頂）之間，你會給自己的情緒健康打幾分？

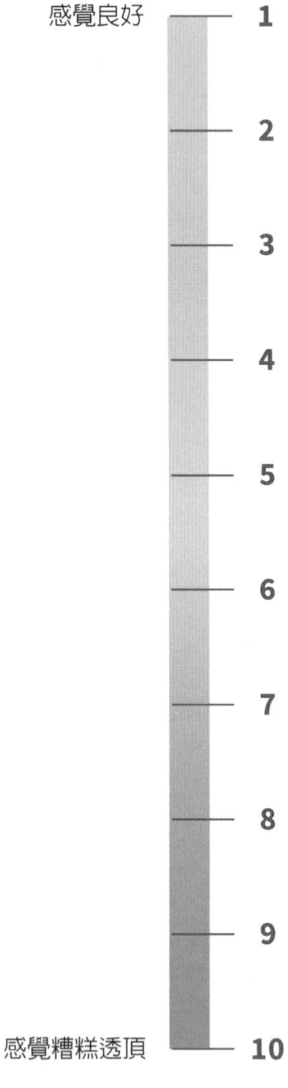

對於不同的人來說，情緒健康可能意味著不同的東西。有些人可以覺察到自己正感到悲傷、壓力、焦慮或擔憂，並且能看出是什麼導致特定的心情或行爲模式增加；其他人則才剛

開始看出（或想要看出）這些起伏的感受及它們代表的意義。想一想你有多了解你的情緒狀態，並用情緒健康量表來檢測你的感受是在「感覺良好」和「感覺糟糕透頂」之間的哪一個等級。倘若你是在3的等級，你可能看出自己的情緒有點低落，但這個情緒很可能會消失。可是如果你是在7或8的等級，那麼事態或許已經令你難以招架，你可能想找信任的人來尋求支持或談論這些事。倘若你是在10的等級並且眞的感覺糟糕透頂，那麼你要曉得，誠實面對自己的感受並尋求幫助是沒問題的——回頭去看「我的情緒支持計畫書」（參閱第27～30頁），並且別忘了永遠會有人聽你傾訴。

利用以下的空間，寫出你認爲自己會有這種感受的原因，或是你還想探索其他哪些東西。

我認爲……

我感覺……

只要你想要的話，隨時都可以回到這個量表來檢視你的情緒。或許你也可以把這麼做當作一種常規。

與自己協調一致，活在平衡當中

心理健康不會有差別對待，任何人都會受到它的影響。重要的是去做我們能做的：承認狀況的困難、疼惜自己、培養有意義的人際關係、在自己的幸福旅程中採取主動。我的工作是幫助心理健康出現輕度到中度狀況的患者，例如憂鬱、恐慌、恐懼、失眠和壓力。情緒恢復力和情緒智能是不可或缺的工具，而要發展出這兩種工具則必須透過建立自我意識、以及發展那些能以最好的方式照顧你自己的應付技巧。雖然適當的照護管道是存在的，但並非每個人都能利用它，因此在你的人生旅程或恢復的過程中採取主動是很重要的。

新冠肺炎大規模流行期間，人們有許多時間與那些不愉快的情緒共處。

這些情緒的範圍很大，並且可能已經在表面下湧現一段時間，而它們只是被工作、旅行或社區活動的噪音掩蓋過去罷了。對許多人來說，這些事情浮出表面是非常可怕的事——它會逼迫人們去進行許多的自我反思。

我們必須與自己更協調一致，並努力地找到平衡，不論它對我們個人而言是什麼樣貌。或許在種種封鎖和控制的措施下，你已經反思過什麼才是真正重要的，並且發現你的優先順序已經改變了。問自己要把精力和時間放在什麼地方，以及思考什麼對你來說才是有意義的，這是很棒的事。

生活並非一直都必須保持同等的平衡。根據不同的人生季節，我們有些事情可以優先，有些事情可以暫時擱置。然而，我們必須在限制我們的工作和責任、以及我們喜愛的事物之間取得平衡，因為當我們的心理健康惡化時，首先放棄的就是嗜好或創意的追求。這往往是因為我們對於花時間在自己身上感到內疚，或純粹由於欠缺精力。

因此，要用心檢視及反思你的生活是否感覺平衡。有時候你只要問自己幾個問題便能知道答案：我有滿足身體的需求嗎？我的肚子餓嗎？我有好好地休息嗎？再者，你也可以問：我的工作、養兒育女、學業讓我感到不知所措嗎？我必須少做或多做些什麼嗎？

如果我們失去平衡，那麼當生活的緊張和壓力增加時，我們就沒有能力應付它們。這可能導致我們陷入無益的行為中，從而使問題更加惡化。想像你在海上駕駛一艘船，隨著海水的波瀾起伏，你的船出現了破洞，海水流了進來。為了避免沉船，你用水桶把船裡的水舀出去。不過，你太專注於舀水了，竟然沒注意到你的航行方向。突然，你發現自己偏離航線很遠了。接著你又發現，你用來舀水的那個水桶本身就破了許多洞——你用來解決問題的東西，其實只是在延續問題！既然剛才的工具無效，或許你該換用其他的工具。為了讓船能繼續航行在海面上，你必須找出正確的工具來維持平衡，如此一來，就算船進水了，它也不會沉下去。

——潔西卡（Jessica）

貝克斯利和達特福德的撒瑪利亞會志工、

心理健康治療師

檢視你是否活在平衡中

什麼事令你沮喪？

（例如：工作、人際關係、債務、疾病。）

你可以怎樣平衡這個重擔？

（例如：放鬆、建立支援網絡、培養嗜好、創作、找某人談話。）

你想要生活中有更多的什麼？

你必須放下什麼？

什麼能帶給你快樂？

反思生活圈的平衡度

畫一個圓圈，並像切大餅般將它分成幾個區塊。將每個區塊標示成你生活的各個不同面向，例如：工作、家庭、休閒、健康、創作。

對你畫的生活圈進行反思，並問自己：我的哪個區塊失衡了？我願意爲哪個區塊付出？我可以在哪個區塊花一些時間做出不同的改變？

自我檢測

你的身體感覺如何？

你有出現以下的身體感受、感覺或症狀嗎？你可以將你覺得經常出現的用一種顏色標示出來，並用另一種顏色標示**偶爾**出現的。

- □肌肉疼痛
- □背痛
- □反胃
- □消化問題
- □呼吸急促

- [ ] 非常疲憊
- [ ] 想嘔吐
- [ ] 磨牙
- [ ] 頭痛
- [ ] 刺痛發麻
- [ ] 心跳加速
- [ ] 坐立不安
- [ ] 緊張
- [ ] 出汗
- [ ] 睡眠障礙

利用以下的空間寫出你身體的其他感受：

自我檢測

你的情緒是什麼樣的感覺？

利用這個空間寫下或畫出你現在感受到的情緒，其中可以包括：

- 想法
- 意象
- 心情的改變
- 習慣或行為的改變（例如：睡不好、精疲力盡、想哭、更常與人發生爭執）
- 任何的情緒感受

專家分享

在創作中探索自己的感受

創作的重點在於我們如何理解這個世界，它是身而為人的重要部分。事實上，我們一直都在使用自己的想像力。重要的是，我們使用想像力的方式不能讓自己感到有負擔，而要能讓自己感到解放。只要讓創造力流動，我們的可能性和信任就會被開啓，而這能使人變得非常有力量。

塗鴉、著色或僅是用筆作記號，都能讓我們安全又從容地探索自己的感受。把這些藝術想像成一個容器，它裝著那些非語言所能形容的感受——那些很難用道理講清楚或是你覺得他人很難理解的事；抑或有某件令你不知所措、但你尚未準備好告訴別人的事。圖像、塗鴉或象徵是讓你內在的某種東西呈現出來的方式。那張紙可以掌握某些你想理解清楚的部分。隨著時間的累積，你可能會了解它，甚至能找到適當的文字來描述它。重要的是那個表達內在狀況的過程。

不論你選擇以何種方式將某件事呈現在紙上，都沒有對或錯。我們的重點不在於當藝術家，而是那個過程。在你創作的同時，去察覺你有什麼樣的感受才是最重要的。注意那支筆在你手中的感覺，以及當你看著你在紙上呈現出來的東西時的感受。持續這樣做，並注意發生了什麼。

藝術是一種理解你當下感受的安全方式。我的工作有很大一部分是在營造安全的空間，就如同撒瑪利亞會所做的那樣，如此一來，人們便可以開始尋找他們的聲音，並找到幫助自己的方法。一開始，人們可能漫無章法地亂畫一通。在協助對方時，我往往會問：「我們要不要先畫個圖形的輪廓，然後再隨意地在裡頭作畫？」於是人們便有了容納他們所有作品的真正容器。這個輪廓給予他們一種界限，它可以讓每件事感覺更容易處理一點。

你可以在此應用同樣的原則——畫一個圖形來容納你的感受。這是你的安全空間。用筆在這圖形內作畫、塗鴉或僅僅是作記號。你不必對這個藝術作品感到難為情。你要想的是，與你想要放在這安全空間內的東西建立連結。這是一處你可以傾吐心事，好讓它們不再回到你身上的地方。不論你說什麼，紙都不會受傷，因此你可以暢所欲言。

用一點時間反思你所看到的。別將它視為藝術品來加以論斷，而是去思考：關於你，它說了些什麼。這些小小的素描或圖形，象徵著你和你的人生的某種重要訊息（譬如你用的空間有多狹窄）。你創作的任何東西都像是一面鏡子。創作有時候能給你一種距離感，並且你可以用一個圖像或符號來表達你尚未準備好直接公開的東西。那種退開一步的感覺，確實可以幫助你進入不同的視角。

人是複雜的。我們有如此多的體驗和感受，卻往往找不到語言來表達它們。藝術提供我們一種方式來表達自己，而不必擔心我們用的字眼是否「正確」或可以理解。我協助的那些人通常都會覺得他們順利地釋放了某種東西，彷彿卸下了肩上的重擔。

——安西亞・班傑明（Anthea Benjamin）

英國心理治療委員會（UKCP）藝術治療師

爲自己畫一個容器

畫一個圖形（正方形、圓形或任何你喜歡的形狀）來爲你的安全空間劃下界限。接著，在圖形內畫出任何你想放進去的東西：圖案、顏色、圓點、短線、圖畫。你不必把它視爲藝術創作；它只是一種練習，讓你知道用筆在紙上畫東西是什麼樣的感覺。

亂塗的線條

首先畫一條線，一直往上跨過整個頁面。將線條彎曲，畫回原點，在其他線條的裡裡外外畫折線，在周圍畫圈圈，俯衝而下，然後隨你高興地在任何方向做急轉彎，直到滿紙都充滿了亂塗的線條。這些亂塗的線條可以是隨意的大小，這當中沒有任何的對錯。

當整張紙都畫滿了亂塗的線條，仔細看看你是否能從這些線條當中看出任何的形狀或圖畫。將它當成是在看雲的形狀的遊戲。把你看見的任何形象的輪廓畫出來，或只是單純地將那些線條所構成的形狀塗上顏色。

亂塗這些線條時，你有什麼感覺？

為這些形狀或圖畫上色時，你有什麼感覺？

4

我可以同理自己的感受

給感受一個形容詞

用一個詞彙來形容你當前的感受，往往可以幫助你了解自己在想什麼。參看以下的詞彙，把你認同或心有所感的詞彙圈出來或標上星號。你也可以把你**經常**有的感受用某種顏色標示，那些**偶爾**才有的感受則用另一種顏色標示。

害怕　　受冷落
開心　　格格不入
生氣　　我是個累贅
焦慮　　寂寞
無動於衷　　失落
無聊　　中性狀態

滿足
處於崩潰邊緣
挫敗
不知所措
失望
恐慌
疏離
安寧
情緒低落
懊悔
有活力
滿意
挫折
壓力
快樂
動彈不得
充滿希望
緊張
沒有希望
感恩
蒙羞
陷入困境
喜悅
茫然

覺察你的情緒

你知道人有六種基本情緒嗎？它們分別是：

- 快樂
- 悲傷
- 恐懼
- 厭惡
- 憤怒
- 驚訝

你覺得這些情緒是什麼顏色？

憤怒永遠是紅色的嗎？悲傷永遠是藍色的嗎？在左頁的圓圈中，各寫下一種情緒的名字，然後用彩色筆塗畫你覺得最能代表該情緒的顏色或圖案。

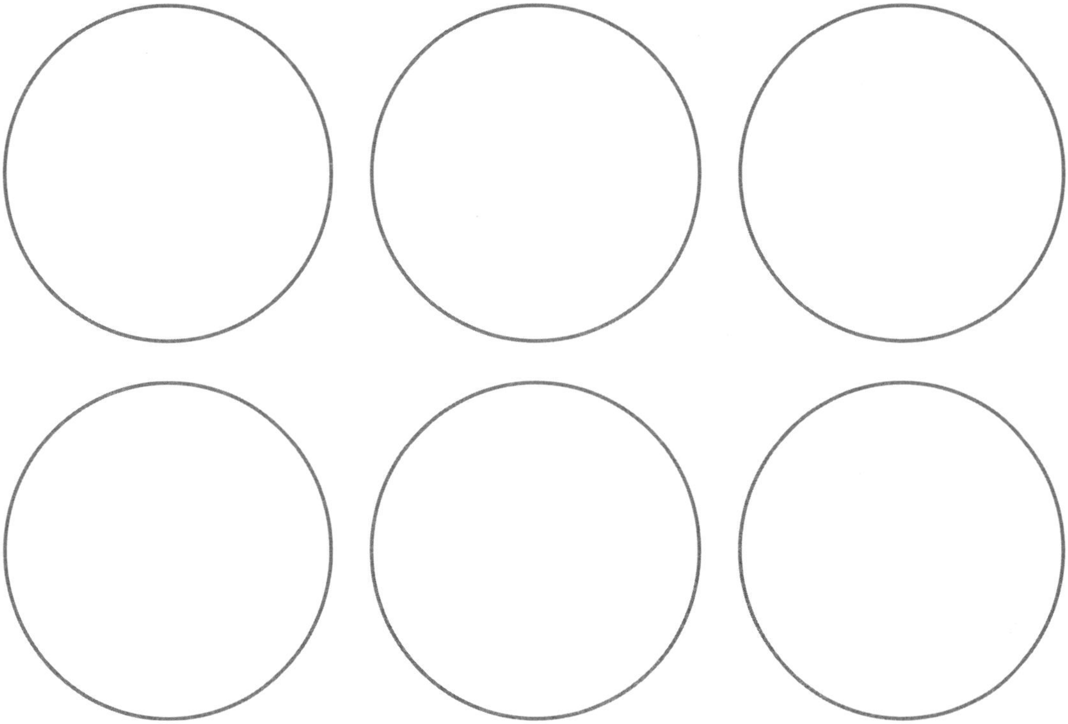

當然，除了上述這六種基本情緒外，我們還會感受到其他種種的情緒，例如：樂觀、懷有戒心、擔憂、充滿愛、被激怒、喜悅、害怕、信任、悔恨、批判、惱火、不耐煩、雄心勃勃、安寧、充滿希望、接受、反對、無聊。

想想看你還有其他什麼感受，把它們寫下來：

....

....

....

現在，選一個或兩個你比較明顯的感受，並寫下你對其意義的理解：它們讓你的身體出現什麼感覺，以及它們如何影響你的想法。

....

....

....

你或許會想玩藏頭詩（以詞彙的每個字母來展開一句話或一個新的詞彙）之類的文字遊戲來進一步探索。以下是以「希望（hope）」一詞來進行藏頭詩的例子：

H——如何擁有（how to have）

O——樂觀與（optimism and）

P——積極（positivity）

E——每一天（every day）

想玩玩看嗎？你可以利用左邊空白處來玩這個遊戲。

了解不同情緒代表的意義

我們的情緒狀態不斷地在波動起伏。有些時候，我們的悲傷是具體事物造成的，例如震驚或喪親之痛；其他某些時候，我們只是因爲疲憊而惱怒，或因爲生氣而哭泣。我們的驚訝程度會根據使我們吃驚之事而有所不同，我們的恐懼程度也會依感受到的威脅大小而有所差異。

你或許會想嘗試這個練習，以幫助你了解不同的情緒對你有什麼意義，以及它們呈現的樣貌。舉例來說：

悲傷的意義是什麼?

它告訴我，我何時需要感覺被愛及受重視。

悲傷的表現可能是：

疲累、寂寞或孤獨感、不開心、坐立不安或無聊、感覺被忽視。

憤怒的意義是什麼？

它讓我知道，我正在對我認爲是負面的狀況做出強烈的回應。

憤怒的表現可能是：

挫折、喊叫、變得沉默寡言。

恐懼的意義是什麼？

保護我們遠離危險。

恐懼的表現可能是：

擔憂、沒安全感、害怕、感到焦慮和不安。

現在換你試試看：

情緒在身體裡的感受

你的身心是互相連結的。在接下來的內容中，我們會開始多了解一些關於你的心傳送給身體的那些與你的感受相符合的信號種類。但是首先，想想看你經歷不同的情緒時，你的身體會有什麼樣的感受，並與情緒上的感受進行比較。你可以用任何方式來描述你的感受，用一個詞彙或一個句子來形容皆可。若覺得有幫助的話，你也可以利用第88頁的文字雲來挑選適當的字眼。

情緒	想法	行為
憤怒		
悲傷		
快樂		
驚訝		
厭惡		
恐懼		

你可以利用以下的文字雲來挑選適當的字眼：

身體的感受：

暈眩、臉紅、疼痛、心跳加速、哭泣、頭痛、背痛、
敏感、不穩定、敞開、緊張、靜止、筋疲力竭、
手心出汗、脖子緊繃、柔軟、放鬆、一碰就痛、
敏捷、肌肉疼痛、坐立不安、顫抖、充滿活力、
提心吊膽、穩定、寒冷、燥熱、需要動一動、
下巴緊繃、發抖、哽咽、胸口疼痛、反胃、虛弱、
嘔吐、疲憊、沉重、失眠、步伐不穩、焦躁、
想咬指甲的衝動。

情緒的感受：

惱火、害怕、悲傷、內疚、勇氣、無法專注、滿足、
興奮、寂寞、不受歡迎、自豪、自卑、冷漠、憤怒、
驚奇、無動於衷、不安全、好奇、被遺棄、安寧、
焦慮、不以爲然、樂觀、迷惑、震驚、絕望、喜悅、
批判、糟糕透頂、憂鬱、提不起勁、敏感。

承認並接納情緒

你的情緒是一種反應，而不是一種選擇，因此當下承認並接受它們是很重要的。試著做以下的練習，看看你生起的那些感受、想法或情緒是如何呈現的，以及你如何證明它們是眞實且有必要予以處理的。前面幾個已塡好答案的是作爲舉例。

如果我感到……悲傷

我會……哭泣

如果我感到……焦慮

我會……認出它並設法冷靜地呼吸

如果我感到……寂寞

我會……想要與人建立良好的關係及談話

如果我感到

我會

如果我感到

我會

如果我感到

我會

如果我感到

我會

自我同理與希望的階梯

身爲撒瑪利亞會的志工，我們想要與傾聽的對象站在一起。我們的目標不是拯救任何人，而是與他們站在一起，直到他們準備好自救。我們可以把那些遭逢困境（感到心情低落、壓力、沮喪或焦慮）的人想成是坐在坑裡的人，而朋友或家人則是出於善意想要把他們拉出坑外。我們的本能是把梯子搬來放進坑裡，並且說：「嘿，上來吧！上面比較好。我來拉你一把，幫助你離開這個黑坑。」那位受苦的當事人當然知道上面是蔚藍的天空和綠地；他們也知道上面比較好。不過這樣做只會讓他們感覺更糟，因爲他們要是有辦法爬出坑外，他們早就爬出去了。

撒瑪利亞會的志工也會搬梯子來，但是他們不會說：「來吧，朋友，踩上梯子，抓緊我的手，我來拉你上來。」相反的，志工會從梯子下去跟坑裡的當事人坐在一起，只說一句：「我來陪你。」然後他們會跟當事人一起探索身在坑裡的感覺，並使用「坑裡的感覺如何？」

之類的開放式問句。如果對方的回答是「黑黑的」，他們會誘導對方說得更仔細些，比如問：「你說黑黑的是什麼意思？」當事人可能會回答：「又黑又嚇人。」於是他們可以更進一步共同探索身在坑中的處境和感受，以及這會對他們造成什麼樣的影響。當對方已經探索了想法和感受的方方面面，他們自然會作出接下來該怎麼做的結論。他們可能會說：「也許我已準備好坐在梯子的第一階。」而這小小的一步往往可以造成巨大的改變。

這個觀念也能用在我們自己身上。自我同理也包括與自己站在一起，而不是以你認為別人會怎樣看你的角度來看自己。換句話說，你要如實地看自己現在**是**什麼狀態，而不是你認為自己**應該**處於什麼狀態。你要了解到，現在的你跟過去的你和未來的你並不相同。你要接受**現在**的你，並放下他人的論斷或不同看法的恐懼。你只要專注於自己就好。

想像一下那個向下深望著坑裡的人就是你，而下到坑裡就是讓自己去感覺你在那一刻想要感受的一切。不要論斷你的感受是如何，也不要試著隱瞞自己的想法。讓它們引導你，但也要問自己：「這看起來是什麼樣子？這感覺像是什麼？它有什麼意義？是什麼使我有這種感覺？關於它，我還得說些什麼？」

接著，想想看你有哪些可用的工具，並在那把能溫和地幫助你離開黑坑的梯子的每一階寫上一個詞彙。這些詞彙可以是唱歌、烹飪或工作之類的動詞；有力量或有希望之類的形容詞；也可以是休息、水分補充、藥物、諮商師或全科醫生之類的名詞。

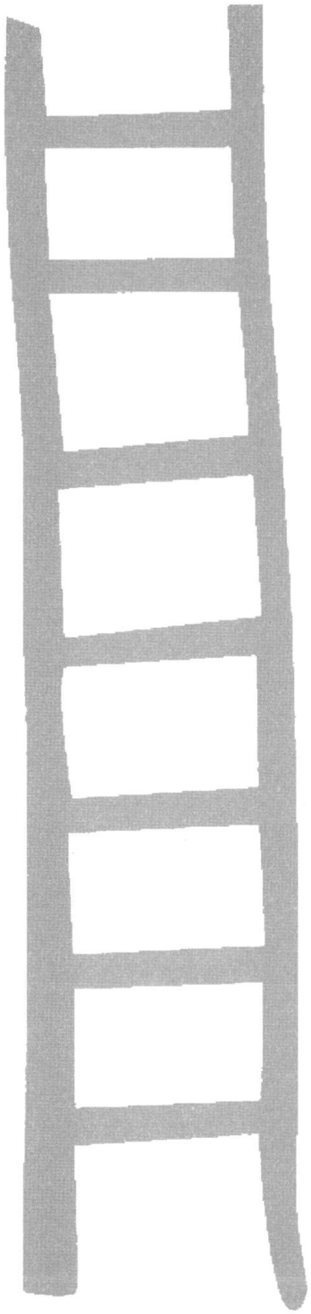

練習探索並深入描述你的情緒

我們可以利用希望的階梯（參閱第91～93頁）所探討的開放式問句技巧，來探索我們的感受並幫助我們更了解它們。想一個特定的問題或情緒，然後填寫以下的內容，看看你是否可以探索及詳細描述你的想法。

當我是（寫出一種情緒）……………………

我會感到……………………

……………………

對那種感覺再多做一些描述。當你說它是……………………的時候，你的意思是什麼？

你能再進一步詳細描述嗎？

它帶給我的想法是

對那些想法再多做一些描述。當你說它帶給你的想法是……的時候，你的意思是什麼？

你能再進一步詳細描述嗎？

它看起來像是

對它的樣子再多做一些描述。當你說它看起來像是……的時候，你的意思是什麼？

……

你能再進一步詳細描述嗎？

……

騰出時間照顧你的情緒

我擔任撒瑪利亞會的志工大約有八年，而我白天的職稱是商業及職場心理學家。不論是身為輔導者或是志工，我都發現，當人們認識到心理健康是一個漸進的過程時，他們便能從中受益。不論是在工作、解決複雜的問題或處理日常生活的事物，我們的情緒狀態和應付能力（或無力應付）都是不斷在變化的。當人們發覺自己不僅壓力大並且極度痛苦時，可能會認為事情來得太突然了。他們會覺得很難看清自己的未來或真實身分是什麼，同時也很難明白到底是什麼使他們走到這般田地。

自我反思（不論是透過寫日記或交談）往往是藉由增加自我意識來幫助自己的第一步。這種反思值得我們付出時間與實踐，而為自己撥出這些時間是非常重要的。不論你是在紙上塗滿文字或圖像、用不符合文法規則的句子來記錄你的意識流、或寫下單一的詞彙，這一切都能慢慢地平息你內心的噪音。一旦養成記錄自己感受的習慣，那麼為自己挪出一點時間和空間來好好地與自己連結，也就成為天經地義的事。

寫日記時，要把它看成是一趟旅程。想像你正在車站搭火車，而你從甲地旅行至乙地的這段期間，沒有任何人可以與你取得聯繫。這整個過程只屬於你一個人——想像你離開了車站，並且知道你會在正確的站下車；與此同時，你可以做任何事、做你想成為的人，因此你一點都不擔心。旅途中的一切都由你自己決定。

你可以想一個你要處理的問題，並問自己你的優先考慮是什麼——你發現的困難之處、你是否處於自己想要的狀態、你是否要做出改變。接著，你可以用這些想法作為起點來與他人做進一步的交談，或開始與自己展開對話。

覺察自己的情緒是非常重要的，因為你如果知道「我正在擔心這個」或「我有那件心事」，你就會了解，或許現在不是處理某個需要謹慎和注意力的複雜問題的最佳時機，因為你的看法已受到感受的影響了。舉例來說，如果我的孩子行為不得體，我可能會一笑置之，然後告訴他們別那麼沒規矩；但如果我的腦中有其他的想法介入，我可能就會開口罵人。保有自我意識可以幫助我們理解身邊的線索和互動，然後更有意識地選擇我們想要回應的方式。我們若能覺察到自己的感受，至少我們可以對自己稍微網開一面，或能更加坦然地面對身邊的人，讓他們知道我們正處於掙扎的狀態。而他們或許會比我們所想像的更有意願和能力幫助我們。

事實上，即使說出這樣的話也完全沒問題：「你知道嗎？我現在感覺很糟糕。我只想躲在被窩裡大罵『去你的！』，然後把手機關掉。看我這一早是什麼樣的感受。我要是沒有把這些感受表達出來的話，我可能會繼續橫衝直撞，搞得自己一肚子氣又不愉快。」事實上，隨著時間的累積，自我意識能幫助我們適應，並以對自己和他人都更友善的方式來改變我們的行為。

——凱倫（Karen）

吉爾福德的撒瑪利亞會志工、

商業及職場心理學家

如果你的感覺很糟糕，就對自己傾訴吧！把它大聲地說出來；寫下來；探索它；接受它。要知道，你比其他任何人都更了解你自己，因此你是爲接下來的做法作出正確決定的最佳人選。提醒自己，你或許需要幫助或指引，但你終究有力量跳出那個坑。

倘若你覺得這個練習令你不知所措或過於困難，別忘了第一章的「你的情緒支持計畫書」。要知道，你永遠可以找到聽你傾訴心事的人。

你最害怕的是什麼？

如果你眞的勇敢，你會怎麼做？

找一個你想處理的問題，並問自己：

目前我優先考慮的是什麼？

我覺得最困難的是什麼？

我目前有哪些選擇？

我處於自己想要的狀態嗎？

採取什麼步驟可以幫助我朝更積極的方向邁進？

5
恐懼是人之常情

認識你的大腦

人腦是個神奇的工具，科學家每天對它都有更新的了解。事實上，我們現在比過去知道得更多，神經生物學的發展正在將舊有的理論逐漸推翻。本書的某次訪談中，有人形容人腦是「連電腦科學都無法想像的等級」。很明顯的，我們都還不太了解那些科學術語，但本文的目的是要提供足夠的背景知識讓你感到放心（而不是要催你入眠或逼你把書扔進垃圾桶）——你的生理反應是正常的。

我們會略過許多重要的部分。但如同我說的，我們畢竟不是在上生物學，因此我們會直接跳到那些有意思的部分，來說明爲什麼人腦會對我們的情緒狀態產生理性（有時是不理性）的反應。我們會把重點集中在以下的關鍵區域：

- 爬蟲腦（物種生存的本能）

• 邊緣系統／哺乳動物腦（情緒／行爲反應）
• 杏仁核（警報系統）
• 前額葉皮質（理性、人格、作決定）
• 腦幹（控制呼吸和心跳）

你會在整本書中看見這些專有名詞，因此接下來我們會對它們進行更深入的探討。如果你喜歡的話，可以挑選自己感興趣的區域，另外找時間做更多相關的閱讀；或者你也可以選擇跳過這一小節，一切完全由你決定。

當人們提到「爬蟲腦」時，他們指的是人腦最原始的部分。把它想成是基礎，亦即那個處理自動

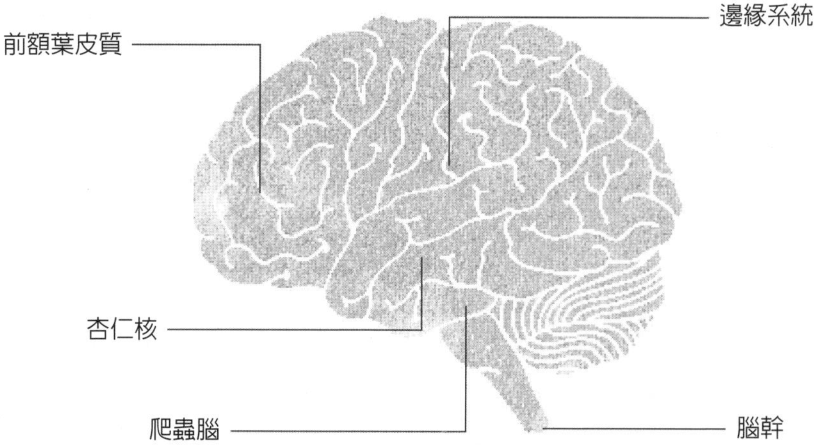

的、本能的衝動和反應的核心部分。它遵循的是「物種生存」的概念，並控制著我們與生俱來的自我保護本能，以及我們的基本驅力，例如進食、逃跑、戰鬥、繁殖等等。而控制我們的心跳、呼吸和臉部表情的腦幹，也是屬於爬蟲腦的一部分。

大腦的中間層是「邊緣系統」或「哺乳動物腦」。基本上，這一部分處理的是情緒及行爲的反應和記憶。你會在此區域看見扮演處理情緒角色的杏仁核，以及儲存記憶的海馬迴。邊緣系統會透過一些本能的行爲（例如：「戰或逃」、照顧幼者、與他人建立良好的關係）來協助身體對我們的情緒做出反應。

新皮質是大腦外層那皺皺的部分。人們會說這一層是處理語言和有意識的思考（例如：理性和分析）的理智部分。大腦前方的「前額葉皮質」就是屬於這一部分，它負責的是自我控制、作決定、計畫及解決問題。

很明顯的，我們擁有的不是三個分開的腦。以上所述的部分都是一起共同運作的。儘管對神經科學家來說，這些分組可能還不盡完善，並且未來的新發展也可能重新推翻這些術語的定義；然而，從這些簡單的描述我們可以了解到，大體上來說，人腦的不同部位會對應著我們的情緒狀態而做不同的工作。

恐懼的因素

我們身上的情緒反應是相當原始的生物現象。我們內建的反應機制，會對我們的身體和心智造成實質性的影響。

情緒反應始於杏仁核（大腦中間層一處杏仁形的小區域）。人們在面臨威脅時，杏仁核會發動開啓你的神經系統的反應。你可以把它想像成附有噴水滅火裝置的煙霧警報器。基本上，它會造成你的身體充滿腎上腺素。這種激素有助我們身爲穴居人時所發展的原始生存本能，因爲它能幫助你更迅速有力地逃命。

這種激素的急速增加會使身體感覺到血壓升高。你的心跳會開始加速來爲肌肉補充氧和糖分，血流的改變會使你冒汗，肺部的呼吸也會急促起來。你可能會發生反胃、血脈擴張、肌肉緊張，也可能會出現顫抖、臉色發白或漲紅，以及（或者）口乾舌燥。

對我們的祖先來說，這種「戰或逃」反應是一種必要的功能，因爲他們在打獵或從食肉動物的口中逃離時，需要額外的力量提升。現今的某些狀況下，我們在面臨挑戰或逆境時還是需要力量，例如賽跑的運動選手或進入火場的消防隊員。但問題是，如果你不是鬥劍士、拳擊手或需拯救河裡溺水的人呢？事實上，我們只要一想到可怕的事情就會出現相同的壓力反應，而我們的身體也會以同樣的方式做出回應。

短期來說，這種壓力反應可能是有益的，因爲當我們面臨危機時，它能幫助我們堅持到底：它可以使我們每天起來繼續向前邁進，做一切必須做的事。可是長期來說，這是行不通的，因爲當戰或逃的狀況所引發的腎上腺素逐漸消失時，我們就會突然筋疲力盡，能量崩潰。

大多數時候，我們能夠自我調節；可是有些時候，壓力反應的戲碼會不斷地上演。如同斷路器因故不斷地跳閘一樣，我們的壓力反應也可能變得更難關閉，並導致焦慮、恐懼、憂鬱或攻擊行爲。我們的感知可能產生偏差，我們會覺得自己完全失去控制，或想拚命用極端的控制來改變狀況。這類感覺（情緒反應與身體反應的綜合）的戲碼重複上演，就是所謂的恐慌發作。

發洩可以幫助我們對情緒進行歸類、清楚地表達它們，從而將我們的想法從大腦的感受部分（邊緣系統）交給思考的部分（前額葉皮質）處理。一旦大腦的思考部分恢復運作，我們就能開始尋找解決之道，因爲我們不再那樣不知所措了。

因此，你可以了解，恐懼是相當正常的反應。可是當斷路器跳閘時，我們可能就會困在對身體反應感到害怕的循環中，從而使恐懼的感覺持續下去。當我們拒絕去面對恐懼時，恐懼往往就會被放大。我們能做的是，當它發生時，承認並接受這個循環。我們可以試著溫柔地提醒自己，它不會永久持續下去，並做一些諸如呼吸練習（參閱後面的練習）或小啜幾口水等等來讓我們回到當下。我們可以懷著惻隱之心來善待自己，並在內心提醒自己，此時此地，我們當下是安全的，我們的腳跟牢牢地穩固在大地上。

身為不同的個體，每個人處理恐懼的方式也不一樣。有時候我們可以透過一些活動來將它消除，有時候我們可以學會駕馭焦慮的波浪，並了解它終將會過去。有時候認知行為治療（CBT）會有幫助，而有時候如果這些感受持續不斷，全科醫生或治療師也能在處理方式上給予我們建議。

療癒時間

令人平靜的呼吸

研究顯示，一分鐘呼吸六次（每次吸氣和吐氣各五秒鐘），能改善心臟回應壓力的能力，並且在眼前的「威脅」解除後，能夠更快地冷靜下來。

如果你想要的話，可以試試以下的呼吸練習：

一分鐘呼吸六次，連續做五分鐘，一天這樣做三次。

每當你因戰或逃反應或其他任何的焦慮或擔憂而感到不知所措時，你就可以做這個練習。其他的呼吸練習請參閱第249頁。

淺談神經系統

另一個值得我們去了解的身體構造是神經系統，它由兩個部分組成：副交感神經系統和交感神經系統。

首先，我們來做這個練習：

回想某個你感受到特別的情緒的時刻，例如：壓力、憤怒或悲傷。現在只要選一種情緒就行（你永遠可以再回來換另一種情緒做練習）。試著回想該情緒在你身上某個部位的感受是如何，並將它記錄下來，例如：瞳孔放大、反胃、呼吸加速、心跳加快。

情緒：……………………………………

現在，我們來檢視一下會產生你所描述的那些反應的原因。爲了便於理解，我們可以這樣想：身體壓力是交感神經系統產生的，而副交感神經系統是擔任平息壓力的角色。此兩者都控制著相同的身體器官，但作用完全不一樣。交感神經系統連結的是脊椎，副交感神經系統則直接與大腦連結。在副交感神經系統中，有一種名爲「迷走神經」的神經，其長度非常長，布滿我們的全身，並且能啓動或影響我們的壓力狀態。若想更詳細地了解這些專業術語，可提供幫助的資料有很多。但重點是要知道，我們必須保持這兩個主要神經系統的平衡，才不會持續經歷恐懼和壓力的反應，我們也才能休息並找到安寧之處。

「心形塑我們的人生。

我們想什麼，就成為什麼。」

—— 佛陀

★專家分享★

大腦與壓力的關聯

壓力是身體準備採取行動的反應。當我們的大腦感受到威脅時，我們會立刻釋放大量的電化學體液，使我們能戰鬥或逃跑而存活下來。身為撒瑪利亞會的志工，我們經常會傾聽那些因生活環境而造成習慣性壓力、但尚未學會如何處理它們的人吐露心聲。

習慣性壓力可能令人苦痛不堪。我們能說的一句話是：「沒關係，你有那種反應、甚至會感到失控是可以理解的。它會過去的。我們就放下它吧！」

當你知道自己的感受是合理的，你的皮質醇（壓力賀爾蒙）就會立刻降低，血壓降了下來，整體的壓力反應也會減少。此外，你也可以從身體表現出來的多種症狀想像一個人處於壓力的狀態：聳肩、弓背、瞳孔放大。而精神緊張可能表現為以下的形式：肚子痛、膀胱或腸胃問題、其他疼痛、緊握拳頭、緊咬牙根，以及動作超快或超慢。

了解這一點很重要：所有的腦都比較喜歡我們所熟悉的那些想法、感受和行為，因為對原始（爬蟲）的腦來說，熟悉的事物是可預測的。上述那些身體的反應之所以會成為長期性的，通常就是因為人們習慣性地讓自己的爬蟲腦處於準備戰鬥或逃跑的狀態，但事實上，後續根本沒有戰鬥或逃跑的行動出現。這就意謂著，身體緊抓著這種強而有力的壓力化學物質不放，而不是擺脫它。持續性的精神緊張會很快地成為新的常態，並引發心理、身體和情緒的問題。

詢問來電者關於他們身體壓力信號的一些問題，可以為他們帶來喘息的空間。這一點其實非常重要，因為沒有人能在極端的壓力狀態下，作出正確的決定或清晰的思考。我們可以藉由詢問當事人的呼吸狀況，幫助他們對自己的生理狀況進行逆向工程。舉例來說，當人處於強大的壓力時，其呼吸是快又淺的，因此我們可以建議他們慢慢地吸氣到下肺葉。這種做法能透過橫隔膜下方的迷走神經傳遞強烈的放鬆信號給杏仁核。這就好比是對電腦的快取記憶體進行清理一樣——停下來、吸口氣、暫停。

關於大腦，我們真正必須了解的部分是前額葉皮質，它是我們開始有意識地覺察自己的地方，而爬蟲腦和哺乳動物腦的運作則大多是無意識的。有人將大腦運作的方式比喻為騎馬。騎士代表意識心（前額葉皮質），馬代表無意識心（爬蟲腦和哺乳動物腦）。騎士下指令，並認為他們可以控制馬，而馬是又高大又有力量的動物。當馬感覺安全時，牠們是非常聽話的；但如果馬感覺不安全，牠們就會逃跑並變得不可預測。當騎士與馬溝通良好、給予清楚的指令，並解讀及接收來自馬的信號時，他們兩者是一致的；他們合而為一。可是如果騎士給馬某些信號（例如：拉韁繩讓馬轉向），但同時又想著：「上次我右轉時發生可怕的事，真是太嚇人了」，於是馬收到混亂的訊息而停了下來。馬不信任騎士，因為牠沒有收到清楚又明確的指示。換句話說，如果我們的想法、行動和行為是不一致的，我們顯然就得不到我們所要的結果。這提醒了我們，思考的心智其清晰度和品質是非常重要的，但壓力會減低這個清晰度，這就是為什麼找出放鬆的方法是如此重要。

——凱伊（Kay）

法恩堡的撒瑪利亞會志工

健康專家和《快樂腦》（*Happy Brain*）作者

切換開關

伸出你的手，手心朝上。

將姆指壓在手心上，把它想成是杏仁核。杏仁核位於腦的正中間，是情緒腦及需要保護的腦。

現在，把其他四根手指握起來，將姆指包在裡頭。這四根手指代表前額葉皮質，亦即那試著要保護情緒腦的理性、護衛的部分。

現在，把這四根手指再次張開。處於壓力或焦慮狀態的腦就類似這樣：前額葉皮質就像是按錯邊的開關，使整個大腦無法和諧地運作。

爲了將開關切換回去來連結整個大腦，我們來想一些對策讓自己感到安全、平靜和連結：

能使我平靜的三個想法：

1.

2.

3.

我想感受更多的三種情緒：

1.

2.

3.

有助於我感到安全、平靜和連結的三種行爲：

1.

2. ……………………

3. ……………………

神經可塑性

科學家過去往往認爲人的腦過了青春期就不再發育，並且無法改變。但近來發現的神經可塑性則證實，大腦能夠並且會在我們的一生中持續生長。它會產生新的組織和神經元，並永遠都在建立不同的連結。將大腦想成是一幅充滿許多小路徑的地圖，這些路徑代表你曾經有過的想法、感受或行爲。習慣就是我們最常走的那些路徑，不論是好習慣或壞習慣。每次重複一個習慣，我們就更加強了那條路徑。

那麼，這對我們的情緒健康有什麼樣的意義呢？它代表說，我們與自己的大腦具有雙向的關係，因此我們是有機會改寫它的。過去我們認爲是大腦影響了行爲，但現在我們知道，我們的行爲也可以影響大腦。換句話說，我們可以建立新的神經路徑來爲我們的思考、感受和行動方式重新配線。我們體驗的每一件事都會對大腦造成些許的改變，而這些改變會影響我們如何回應未來的刺激——它是一種持續性的反饋迴路。這種神經可塑性（你可以把它想成是塑膠製模一樣）使我們有改變習慣的機會，利用它，我們便有望能改善自身的心理健康。

試著這樣想：想像你走在一條小路上。那是你經常走的小徑，你已熟悉到會自然而然地走上它。最後，這條小徑被走過多次之後，自然地成爲你常走的一條路。你會這樣做是完全正常的。

可是如果在你走上自己經常走的那條路時，你能夠停下腳步並且想：「其實，我要走的是另一條路。」那會如何呢？一開始，那條新的路雜草叢生，並不好走。最容易走的，還是你熟悉的那條老路。但只要你持續嘗試走這條新路，它遲早會變得越來越清楚，並且你會發現它就像舊路一樣的好走。換成神經可塑性的說法，你的大腦現在已經準備好採用新的神經路徑，並且只要你不斷地使用它，它就會變得更加強大。最後，它會變成你的第二天性，而舊有的路徑也會弱化。新的路徑可能會成爲你新的思維或行爲方式，從而改變及改善你的感受。

畫一條你感覺非常熟悉、經常會走的路徑。

現在，爲自己想像一條可作爲不同選擇的新路徑。如果你能畫出新的路徑，它看起來會是什麼樣子？它的細節又是如何？

看一下你所畫的。你從中看出什麼了嗎？有任何的意象引起你內心的共鳴嗎？將你所有的想法或感受寫下來。

溝通與連結

我們的想法很真實，但它們不一定是真的。你無法否認這些想法的存在，因此幫助人們了解它們所代表的意義就顯得十分重要。

我研究人際神經生物學，並且了解到，不論人們的情緒回應是什麼，那都是合理的反應，而幫助人們處理彼此之間的連結才是最重要的。這與我們在撒瑪利亞會所做的事非常類似。

內在對話與外在對話並無不同。有一個方法是由疼惜自己開始，然後再對外擴大，而這與我們被教導的信念有一點違背。對我們來說，把自己放在第一位是非常陌生的概念，可是這卻非常重要。撒瑪利亞會的來電者通常缺乏善待自己的工具。我們都知道「要待人如己」這句話，但對我來說，我往往會認為，「要待人如撒瑪利亞會對待那些需要被傾聽的人」。

這其中有很大的一部分跟擺脫社會制約有關，同時它也包括認識更多的情感語彙來為我們的感受和情緒命名。如果你能發展出自己的「心情測量計」（亦即測出你現在是憤怒或興奮、悲傷或開心、麻木或平靜），你就能對自己的情緒狀態有更多的了解，同時也能看出他人處於何種情緒狀態。

神經科學和正念都有可取之處，這兩者都非常受歡迎，因此也成為大眾的寵兒。但重要的是，要選擇能對你產生最佳效果的方法。因為某個方法可能使路人甲感到自在或安慰，卻可能使路人乙感到威脅或恐懼，甚至出現他們無法獨自處理的狀況。重點在於了解如何清楚地表達現況，知道用自己的方式處理是沒問題的、自我照顧就是找人談論你現在的經歷。這當中，正確的診斷和正確的治療、與你認識的人談話、或是與專業人士交談並獲得你需要的支持，也都是自我照顧的一種形式。

——伊恩（Ian）

黑斯廷斯和羅瑟的撒瑪利亞會志工

《為何難開口？》（*If It Is So Good To Talk, Why Is It So Hard?*）作者

想法、感受與行爲的區別

心理學有所謂的「認知模型」詳述著類似以下的過程：

某事發生 → 大腦對發生之事產生想法 → 產生情緒反應 → 情緒反應影響行爲

如果你想要的話，可以思考一下這如何應用在你身上。你是否曾經發現，你在某個特定狀況會以某種方式回應？將你能記得的某個特定時刻的反應，用幾個字或幾句話寫下來。接著，回想一下你當時的情緒狀況。當時你的想法是什麼？把你思考過程中的任何回想或記憶寫下來。

在某個特定狀況，例如：……………

…………………………

…………………………

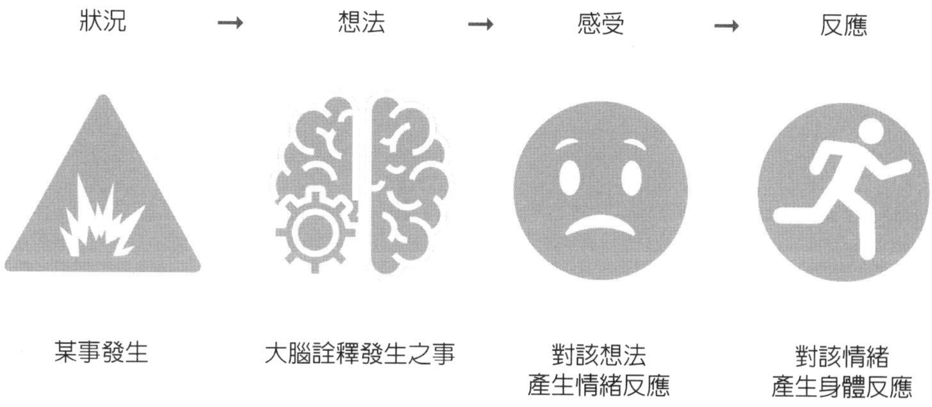

我的想法是……

我的感覺是……

我的行爲是……

你認爲這件事發生的原因是什麼？

……

……

……

你希望將來能以不同的方式回應嗎？

……

……

……

你認爲要怎樣才能做到這一點？

我的想法和行爲是什麼樣子？

情緒	想法	行為
憤怒		
悲傷		
快樂		
驚訝		
厭惡		
恐懼		

行爲：

- 不與人接觸
- 充滿緊張
- 易怒
- 轉身離去
- 興奮過度
- 面對狀況
- 過度飲食
- 退縮
- 缺乏耐性
- 性慾旺盛
- 暴躁
- 不吃東西
- 性慾減退

想法：

- 過度思考：想像每個可能的結果。
- 正向思考：想像可能的最好結果
- 反覆思考：想法在腦海中像迴路般縈繞。

- 心思喋喋不休：腦海中不斷出現嘈雜的念頭。
- 選擇性思維：專注於某個小細節而無視於大局。
- 兩極化思維：沒有中間地帶的「非黑即白」的想法。
- 災難化：想像可能的最糟結果。
- 假想的責任：承擔太多的責任，即使該事不在我的控制範圍內。
- 解決困難：試著解決問題。
- 放大：使問題看起來比實際上更糟。
- 完美主義：具有高不可攀的標準。
- 敏感思維：過度認爲事情都是針對自己而來。
- 輕描淡寫：低估重要之事。
- 個人化：認爲凡事都是自己的錯，即使它根本不可能。
- 普遍化：根據一件小事就作出廣泛的結論。

我的思維方式

當我的想法是

我就會感覺

當我的想法是

我就會感覺

當我的想法是

我就會感覺

當我的想法是

我就會感覺

我的行為方式

當我感覺……

我就會做……

當我感覺……

我就會做……

當我感覺

我就會做

當我感覺

我就會做

留意情緒發出的信號和行爲

覺察行爲的改變很重要，因爲這可能關乎我們的情緒狀態。想想你在朋友身上注意到的那些令人擔憂的表現，例如：飲食改變、沒來上班、出門的次數減少、過度使用藥物或飲酒、不跟親友往來。你可能會問那位朋友：「你好像變了，你還好嗎？」同樣的，你務必也要抽出時間問自己相同的問題。

顯示你正在經歷情緒困境的信號和行爲包括：

- 精力不足或感覺特別累
- 易怒、坐立不安、焦躁
- 比平常更想哭
- 不想說話或不想跟人在一起

- 不想做平常喜歡做的事
- 改變常態，例如：比平常睡得（或吃得）更多或更少
- 用酒或藥物來應付自己的感受
- 發現自己很難應付日常的事物
- 不喜歡或不在乎自己，或覺得自己不重要
- 非比尋常的笨拙或容易出意外
- 變得孤僻或與親友失去聯繫
- 不回覆訊息或變得疏遠
- 變得憤怒、有攻擊性或防衛心
- 做更多冒險的事或有自我毀滅的傾向

記下任何對你而言是異常的行爲模式，它們會提醒你，此時自我同理及疼惜自己是特別重要的。

我會善待自己，如果我……

療癒時間

放鬆練習

不論你採取的姿勢是躺著、坐著或站著，都要儘量讓自己感到舒適。

可以的話，請閉上眼睛；如果你想要的話，也可以一直睜開眼睛。

做幾次緩慢的深呼吸。

注意身體不同部位的感覺。

覺察你的呼吸，看它有什麼樣的感覺。

注意你所喜歡的——寂靜、靜止、呼吸的連結、你的心跳。

有些人喜歡在檢視身體的每個部位時，想像溫暖的光（白色或金色）流往該部位。

從心臟開始，觀想光流向胸腔、腹部、臀部，一直到大腿、膝蓋、小腿、腳踝、腳趾尖，接著再往上回流至兩手臂。

觀想白光或金光慢慢地湧向你的手臂和手指，接著又回流經過手腕和手肘，直到那令人平靜的光回流至肩膀，並經由脖子往上走。

去感覺那光充滿你的頭和臉部的每個部位，接著再回流到心臟，並將覺知帶回到整個身體。

去感覺你四肢的重量和呼吸的柔和。想像你所有的壓力都被洗淨一空。

動一動你的手指和腳趾，用鼻子深吸一口氣，並對你的心帶著身體走這一趟旅程表達感謝。

6

我有能力應付改變和挑戰

面臨人生的重大改變時

某些狀況會對你的感受產生影響，尤其是那些涉及重大改變的狀況。當人生發生重大的改變時，關心並善待自己是很重要的，因爲這種轉變可能引發新的矛盾情緒。不過通常的情況是，這些日子熬過去了，我們又重新站了起來，並開始調整自己以適應新的環境。雖然改變可能帶來正面的結果，例如個人成長或新的機會；但調整自己並非易事，而那些非我們所能控制的改變更可能導致焦慮和壓力。這個時候，別忘了「我的情緒支持計畫書」（參閱第27～30頁）以及你所能獲得的支持。

人生重大改變的一些例子有：

- 人際關係與家庭問題
- 失去，包括失去親人或朋友

- 經濟狀況改變
- 工作壓力
- 換新環境
- 課業壓力
- 痛苦的和（或）導致能力喪失的疾病

將你遭逢過的重大生命改變寫下來，並探討你的感受：

畫出情緒的時間軸

回想你感到最快樂及最消沉的時刻，並按照發生的時間順序，在下方的時間軸上畫出那些最快樂及最消沉的時光，如同畫高低起伏的曲線。要加上日期和描述。接著，想一想那些高峰期，當時對你來說什麼才是重要的？而在那些低谷期，當時是什麼使你感到不滿或不開心？想一想是什麼影響了你的感受？例如：你當時是不是跟那些改變狀況的人在一起，或當時你對此事有什麼感覺？

在此，很重要的一點是，記住：沒有人會永遠處在高峰期。我們的人生都是上下擺動的曲線，有時高有時低。重要的是去慢慢地開始了解你自己的行爲模式是什麼。

高峰期

低谷期

經歷失去時，接受你當下的感受

我們許多人都會在人生中經歷某種失去。說到失去，我們往往會想到那令人心碎又困惑的某人之死。不過我們卻忘記其他種類的失去：安全、健康或信心的喪失，金錢損失或事業可能付出的代價。這一切都會影響我們的自我感和目標，從而使我們失去自我。近來導致許多人蒙受損失的新冠疫情，以及當社會接觸和情感交流都受到限制時，這種情形就會更加惡化。在某些狀況下，例如：失去健康、工作或某種身分，我們經常無法看出自己正在經歷某種形式的喪親之痛。如同失去親友的人一樣，我們在這過程中需要一雙願意傾聽的耳朵、同理心和支持。

然而，允許自己**感覺**失落是很重要的。大約三、四年前，我接連失去了健康、工作和金錢。我不得不重寫自己的人生、重新理解自己、釐清自己的去向。在這過程中，我必須真正地覺察我是怎樣跟自己說話的。不過我發現，有時候人們出於善意所給的建議，似乎與我的感受有著天壤之別。他們會說些「我確定這一切很快就會好轉」之類令人感到灰心的話，而我的心裡卻在想：「是嗎？你怎麼會知道？」現在，我會對打電話來撒瑪利亞會求助的人說：「我希望這件事能夠好轉」或「我希望你能找到這件事的解決辦法」。而他們通常會說：「非常謝謝你。」雖然這只是用語上的微小差異，但希望與假設之間的差別還是有重大區分的。

不管你現在經歷的是什麼，也不論事情是大是小，對自己說「我現在還算可以」可能感覺怪怪的或是有一點尷尬，尤其是當現況與你的期望有很大的落差時。如果你早上爬不起來，那就承認吧！告訴自己，即使有那樣的感覺也沒關係。接受它就是你當前的感受。不論你的感受是什麼，都沒有問題。一旦你接受這就是現狀、你就是現在的樣子、你的感受就是當下的感受，那麼你就更有可能從床上爬起來。你可能只是想沖個澡，然後再躺回床上去。不過，嘿，你起床了！你沖了澡！你可以把這些小進步視為一種成就。隔天你就可能起來沖個澡，然後走到戶外去。

當你遭逢某種失去，那麼正念（參閱第232頁）確實可以對你有所幫助，因為正念做的就是活在此時此地。我們可能執著於事情「應該」怎樣的想法，而這幾乎汙染了眼前這一刻，彷彿是想法擁有我們，而不是我們擁有想法。換句話說，我們失去了當下可能存在的喜悅和感恩的感受。而正念是去覺察及專注於你的周圍環境，並將注意力集中在你所有的感官上，從而覺察到周遭的事物。你會感覺真正地沉浸其中、真正地連結在一起。那更像是一種**存在狀態**，而不是在**做**某件事。你會放下對想法和念頭的執著，並努力接受事物當下的樣子。

從小事開始，一步一步來。認可自己的成就，不論這成就看起來多麼微不足道。如果你發現這很難做到，那麼也要肯定自己，告訴自己這樣也沒關係，並在成功突破時獎勵一下自己。做自己的朋友，而不是敵人。要善待自己，必要時也要堅定，並懷著敬意跟自己說話。問自己：「我今天哪件事表現得不錯？」即使只是一件小事，例如：打電話或出門買東西，也要祝賀自己。別忘了，這是你自己的旅程。

——海蒂（Heidi）

布拉克本的撒瑪利亞會志工

關於失去的一些思考

你失去了什麼？

你最想念的是什麼？

失去對你造成什麼影響？

你能做什麼來幫助你面對失去？

關於你自己，你透過失去的痛苦學到了什麼？

你認為什麼能幫助你療癒？

區分能改變之事和無法改變之事

我們每個人都會在人生的某些時刻，感受到情緒的痛苦、壓力、焦慮或不確定性。有時候我們能採取某些步驟來改變我們的處境，有時候事情則不受我們的掌控。學會接受我們無法改變的事物，能有助於減少痛苦的感受。接受某件事並不代表你認同它或者它就是對的。這只是表示你承認這件事的發生，然後繼續向前走。學會接受那些阻礙你的事物是需要練習的，並且你可能無法馬上做到，但這項技巧是值得練習的，因爲你會越練越得心應手。

爲了讓這個練習發揮最大的效果，儘量花一些時間寫下那些困擾你的事。接著，你可以挑出個別的問題，並將它們分成你能改變之事和你無法改變之事。分類完畢後，你便可以針對能力所及的部分進行改變計畫。藉由了解一點關於接受的意義、接受的練習方法、以及寫一些應對聲明，你終將會做得到。

將所有困擾你的事寫在左頁的空白處或另一張紙上。你可以寫生活的哪一方面引起你的痛苦或負面的情緒，例如：家庭、金錢或健康，試著盡你所能將它們列出來。這些事並沒有大小之分。

列出令你困擾的事：

……………………………………

……………………………………

……………………………………

……………………………………

……………………………………

現在，從這些方面挑出令你感到煩惱的個別問題。舉例來說，如果你列出的是「金錢」方面，那麼個別的問題可能是「我透支了」或「我這個月付不出租金」。

列出個別問題：

……………………………………

做得好！畢竟要看出是什麼造成我們的痛苦，並非總是易事。現在，從列表中分辨出哪些事是你絕對無能爲力的。例如：親友過世或虧損，這是我們無法回頭改變的事。接著，分辨出哪些事是你有力量改變的。如果這一次找不到任何你能改變的事，你可以直接跳過這一部分。

現在，花一點時間思考，你可以針對每個問題採取什麼行動。準備就緒後，把你的想法寫下來：最好是具體、可行的行動。它們不必是巨大或激烈的行動。舉例來說，如果你認爲寂寞和缺乏親近的友誼是導致你痛苦的原因，那麼你可以寫「傳簡訊給潔妮，問她下週要不要一起出來玩」之類的。

我採取的行動：

做得好！你已經想出改變那些困擾你的事物的方法，不過它們可能很難執行。但是把每個行動分成幾個可行的步驟，並思考你要付諸實踐的方式和時間，這樣或許可以有所幫助。

現在，繼續探討其他的個別問題。

「困難是你發揮最大能力的機會。」

——艾靈頓公爵（Duke Ellington）

培養自我接納的能力

當我們無法改變那些困擾我們的事情時，練習接納是幫助我們減輕痛苦的強大工具。對大多數人來說，自我接納並非易事，但它是可以學習和練習的。以下是練習接納的一些訣竅和策略。

- 試著不要論斷你現在的感受是正面或是負面，只要接受它已經發生的事實。
- 試著在放鬆時思考這些事。你可以運用放鬆的技巧（例如第一章的肌肉放鬆練習），或事先做一些放鬆的活動。
- 允許自己全然地感受所有湧現的情緒。在試著接納難以接受之事時，即使感到悲傷或憤怒也沒關係。讓你的情緒自然地來去。
- 別忘了，接受某件事並不代表你認同它或者它就是對的。你只是在善待自己，讓自己能繼續向前走。

應對聲明

應對聲明是你對自己說的一些話。這些話承認你當下的感受，並強調你的恢復能力——它們能幫助你培養接納的能力。當你發覺自己與無法控制之事抗爭時，你就可以利用它們。例如：

「雖然這很煩人，但這感覺終究會過去的。」

「我不必讓它困擾我。」

「我以前也有過這種感覺，但我現在不也好好的。」

如果你想要的話，可以利用左頁的空間寫出自己的應對聲明：

要記住，學會接納是必須付出時間和練習的。這並非一蹴可及的事，而是需要一個過程，因此就算你一時還做不到也別擔心。

解決問題的步驟

當你面臨好幾個問題時，你可能會不知所措。對造成你困擾之事進行思考，同時也要記住，並非所有的問題都能解決。如果你不確定某個問題是否可以解決，那麼試著利用第156頁的「區分能改變之事和無法改變之事」的練習，可能會有所幫助。

首先，對你選擇處理的問題進行描述。它可能是你在親友、工作、財務或生活狀況方面的問題。（爲了讓這項技巧發揮最大的效果，最好是針對那些較不複雜的問題多練習幾次。）

盡可能完整地描述你的問題：

準備就緒後，利用左頁的空間描述此問題帶給你什麼樣的感受。例如：它令你感到憤怒、悲傷、不知所措或其他的感覺。

這問題帶給你什麼樣的感受？

它令我感到……

思考一下，它是怎樣變成問題的？有時候我們的問題是由一個特別的事件或改變引起的。確定此問題是在你人生的哪個時間點開始，可能會對你有所幫助。

它是怎樣變成問題的？

這一切都始於……

你希望事情能有哪些不同？可以的話，描述一下最佳的現實結果。例如：我希望重修舊好，或是遠離恐懼或威脅。

最佳的現實結果是什麼？

我會感覺更好，只要……

……………………………………………………………………

……………………………………………………………………

如果你覺得自己做得到的話，把你能夠確定的一些要點進行總結：

……………………………………………………………………

……………………………………………………………………

……………………………………………………………………

備註：

專家分享

認清能掌控和不能掌控之事

有時候人們往往會責怪自己，並對那些不在他們控制範圍內的事感到內疚或覺得負有責任。他們可能會想：「為什麼我不能阻止這件事發生？」或是：「我早該預料到／做好準備／用另一種方式回應／多做一些／做得更好。」他們把現實中根本無法達成的那些不可能的標準強加在自己身上，因此他們永遠達不到期望。

人生有某些時刻，你的恢復能力會比其他時候好很多。回頭看看情緒健康量表（參閱第56頁）。當你處於量表的頂端時，試著去看出及思考是什麼幫助你成為最佳版本的自己，從而使你能在人生的艱難時刻，想起那個最佳版本的你。

通常來說，這一切都歸因於你覺得自己能控制或影響現況。當我們將自己包覆在無助的感受中，我們就會失去對自身處境的控制感，從而使憤怒或挫折之類的負面感受更加惡化。重要的是，要認清什麼是我們能掌控的、什麼不是我們能掌控的，並依此來重建我們的思維框架。

在撒瑪利亞會的訓練中，我們承認一個事實：每個人都處於變化的狀態，而他們的應付能力取決於他們現在所經歷的生活事件。我們必須發現及運用建設性的策略和切實可行的步驟，來幫助自己度過這些艱難的時刻。問自己：什麼能在身體及情緒方面幫助我們應付這一切？它可能是睡覺、吃東西、自我照顧或善待自己之類的簡單行動，也可能是停止內心的喋喋不休、或是對負面的自我對話框架進行重建。此外，找人談話或透過書寫將問題發洩出來也是有幫助的。重要的是別自責，也不要忽視那些造成你的感受的外部影響力。

重建框架的技巧能幫助你將負面的自我對話，轉變成更積極、更有建設性的聲明。此外，它也能幫助你了解到，儘管你無法控制周遭發生的事，但隨著時間的累積，你可以學會控制自己的反應。

——梵妮莎（Vanessa）
撒瑪利亞會中央辦公室志工

列出你無法控制的事：

（例如：他人、技術問題、工作事故。）

列出你能控制的事：

（例如：我的選擇、我的想法、我的言詞、我的行動和反應。）

你是如何看待自己的？

別人是如何看待你的？

列出你的三個最佳特質：

1. ……………………

2. ……………………

3. ……………………

挑戰負面的信念

有時候我們會相信關於自己的那些負面事物而不會去質疑它們。隨著時間的累積，這些信念會降低我們的自尊心。這個練習會透過發現眞憑實據，幫助你去質疑你所抱持的那些關於自己的無益信念。

爲了產生良好的效果，你必須花一些時間去想關於你自己的那些你信以爲眞的負面事物。然後你必須在每次遇到自己的負面信念時，記得寫下一個新的證據來反駁這些負面信念。舉例來說，如果你相信自己是懶惰的，那麼你可以寫下你曾經做過某件積極或困難之事的證據。

好了，我們現在就開始吧！試著專注在一件你所認爲關於你自己的負面事物上。你可能會覺得這很困難，因此要記得，你可以隨時暫停，稍後再回來做練習。必要的話，你可以回到第一章複習那些關於呼吸、放鬆和觀想的工具。

我所相信的關於自己的一件負面事物是：

目前你相信它的程度是如何？

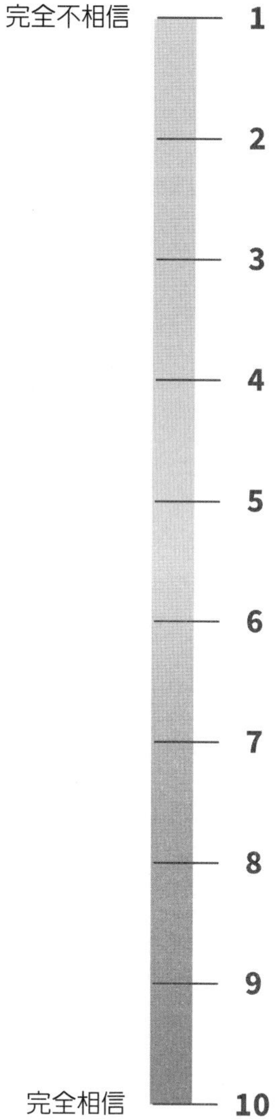

你覺得你爲什麼會相信它呢？

每當發生某件事，使你稍微不相信這件負面的事物時，請把它寫在這裡：

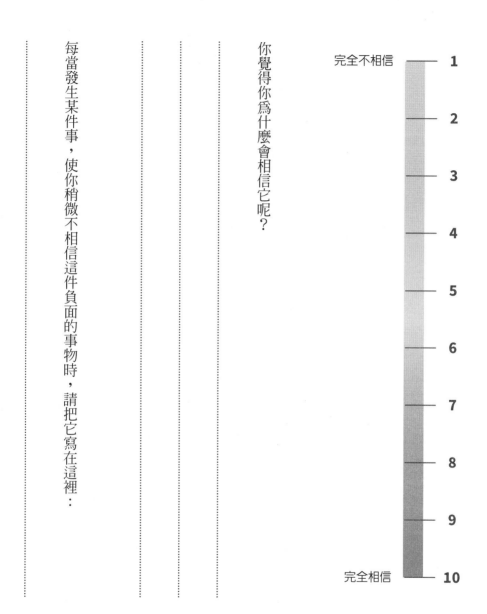

挑戰負面的自我對話

試著去重建你的某些想法的框架。思考一下你跟自己「說話」的某些方式，然後將它們反轉過來，使它們的語氣能變得更正面。我們會先填寫前面幾個來作示範。

負面思維	重建框架的正面思維
我不夠好。	我在困難的狀況下做得很好。
我應該做得更多／我應該用不同的方式來做／我應該做得更好。	我在意外的狀況下盡力了。
我真是沒用。	我雖然強大又有能力，但這情況確實很棘手，我也可以開口請求幫助。
都怪我不好。	我不必為別人的行為和決定負責。

與人交談時重建你的思維和語言框架

這個重建框架的方法在你與別人溝通時也很管用。有時候我們很難把內心眞正的狀況準確地表達出來，因而退回到那些無益的溝通模式。比如說，你是否曾經發現你的本能反應是說抱歉，即使你根本沒做錯什麼？花一些時間思考一下你可以如何重建特定的思維框架，並專注在你眞正想表達的內容上，而不是專注於你可能脫口而出的話。例如，你可以說：「謝謝你聽我說話。」而不要說：「抱歉，我說了這麼多話。」

如果我們在表達自己時感到煩惱或困難的話，有時這可能演變成跟對方說話會令人感到氣餒，這樣一點好處也沒有。因此透過重建這些負面詞語的框架，我們能使對話變得更爲敞開及有建設性。

以下是你可以大聲地告訴別人的語詞和想法的一些意見。看完後，試著想出你自己關於把負面的溝通重構爲更正面的溝通的例子。

不要說……	要這樣說……
你為什麼不聽我說話？	我覺得沒人理會我。
我們能談一談嗎？	你介意聽我說一下話嗎？
你都不幫我。	我覺得我需要更多的支持。
你都不在乎。	我沒有受到關心的感覺。
別這麼負面。	你的負面感受是可以理解的。
抱歉，我把事情搞得一塌糊塗。	謝謝你對我的耐心。

★專家分享★

勇敢承認自己有孤單寂寞的感受

今年是我在大學的最後一年，我研究的是諮商與心理治療。我擔任撒瑪利亞會的傾聽志工差不多三年了。我很早就成為志工，而且我喜歡這個工作。事實上，這不只是份工作而已，它還有真正的群體歸屬感，並且我們做的事是如此重要。

要熬過新冠肺炎的大規模流行和城市的封控，真的是非常辛苦。所有的事都變成在線上進行。雖然我在寫關於創傷治療的論文時有來自老師們的強大支持，但這非常難熬，因為我整天只是盯著螢幕看。

上大學可能相當辛苦，因為這或許是你第一次離家、第一次體驗到孤單寂寞。大學生活好像非得一直都玩得很開心的樣子，但它其實跟電影和書籍中所描寫的不一樣。還記得上大學的第一天：我實在是太緊張了，我很擔心自己是否能交到朋友，以及是不是能跟大家相處融洽。接著，當這一切結束後，你開始擔心，我現在要做什麼？對我來說，探討所有可行的選項，以及想出我能走的路子，是非常有幫助的。焦慮會使你的想法蒙上陰影。可是當你知道你有不同的選擇，並且有不同的路可走時，你就會開始感到充滿希望。承認你當下的感覺非常重要，如此一來，你才能合理地思考。將所有對你開放的選項列出來，真的很有幫助。

年輕人感到孤單寂寞的比率是如此高，但這卻是我們有一點害怕承認的事，因為我們會想：「我身邊有這麼多親人朋友，我不應該有這種感覺。」但如果我們能更勇敢地承認它，我們就會知道，它其實是可以變得更好的。重要的是要了解到，就算不好也沒關係。

如今我們更需要談論自己的感受和心境。我們太習慣隱藏及掩飾自己的情緒，但其實把它們大聲說出來是沒問題的。尋求幫助也沒關係。許多人打電話到撒瑪利亞會是因為它是匿名的，而且他們不想讓自己的事成為他們認識之人的負擔。但不論你是跟我們或你的朋友交談，抑或是用筆寫下你的感受，重要的是，你要承認自己的想法和感受的存在。

——艾夏（Aisha）
布拉克本的撒瑪利亞會志工
心理系學生

回想一個重要的人生經歷——也許是上大學、開始新的工作、搬家或展開新的戀情。

描述一下這個經歷：

你最主要的憂慮是什麼？

你有什麼可行的選項？

你可以跟誰談論關於不同選項的事？

玫瑰花瓣練習

在玫瑰花瓣裡寫上正面的話語。你也可以爲每一層花瓣塗上顏色。

把你不想要的感受寫在那些掉落的玫瑰花瓣上。

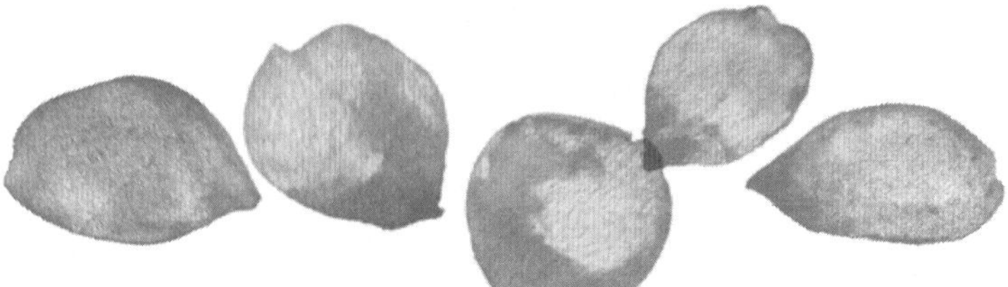

你是什麼樣的人？

是什麼使你成爲現在的你？

你在這個世界上的位置是什麼？

你最棒的特質是什麼？

你認爲別人可能說你最負面的事物是什麼？

你認爲別人可能說你最正面的事物是什麼？

「不要違背自己，

因為你是自己唯一的依靠。

昨日與明天都不存在，

永遠只有當下這一天。」

—— 美國藍調歌手　珍妮絲・賈普林（Janis Joplin）

想像你是某種動物，然後思考以下的問題，並做記錄或勾勒出一些想法。

你想像自己是什麼動物？

你生活在什麼地方？

你爲什麼生活在那裡？

什麼能使你感到開心？

你最需要的是什麼？

對你的這些回答進行反思。其中是否有對應到你生活中某個需要更多滋養的部分？

7
我懂得覺察自己的情緒

情緒是個人的獨特體驗

在撒瑪利亞會，我們經常聽到人們說，他們發生情緒的困擾時，自己並不曉得到底是怎麼一回事。許多人會形容說，他們多麼希望有人請他們坐下來，並且告訴他們：「為了預防萬一，我先告訴你憂鬱／壓力／焦慮是什麼樣的感覺。」不過，當然了，這幾乎是不可能的事，因為對不同的人來說，心理健康的樣貌是完全不一樣的——那是建立在無數種因素之上的獨特體驗，一切都只跟**你**有關。

我曾聽過有人說，他們並不曉得自己得了憂鬱症，因為他們並沒有感到悲傷——他們麻木了。另一個人這樣形容說，他看見太陽高照，但卻感受不到陽光的熱度。此外，我也聽見許多人說，他們第一次出現恐慌症時，感覺就像是心臟病發作一樣。另外也有人說，他們大腦的運作狀態使他們感覺自己「發瘋了」。雖然對特定的人在特定的時間來說，這一切都是合理又真實的，但它對每個人永遠不會是一樣的。在情緒健康中並沒有「人人通用」這回事。

事後的認識是很棒的，而反思及分享過去的經驗也很重要。但某個人的心情低落，對另一個人來說可能像是憂鬱症。一個感受到壓力的人，可能與疲憊不堪的人有類似的症狀。有些人喜歡標籤，有些人不喜歡。有些人覺得診斷令人失去力量，有些人則認為診斷可以了解更多特定的狀況或找到正確的治療方法。

如同撒瑪利亞會不會給建議或告訴你現在處理的是什麼，本書也不是要診斷或試著去解決或探究那些真正需要與專家一起處理的棘手感受。不過，本書可以讓你檢視自己發生了什麼事，並了解你處於情緒健康量表的哪個位置（參閱第56頁），然後弄清楚你是否可以找到平衡，或自己是不是滑落到情緒量表的低處而需要尋求幫助。因此，讓我們利用這空間來探討那些極為常見的心理健康問題的一些不同面向。當你越了解它們，你就越知道何時該對外尋求協助。

我們會特別針對焦慮、憂鬱和緊張來進行思考。你也許會想跟你信任的人一起討論這件事，或者利用網路或書籍來多了解一點這些主題。利用接下來幾頁的提示內容，將你對這些領域的了解寫下來。如果你不確定的話，你可以先做一些小研究，或是在讀了本書的更多內容後，再回到這一章來。

焦慮

我曾經焦慮過嗎？

這些感覺的強度如何？

可以應付 1

2

3

4

5

6

7

8

9

非常強烈 10

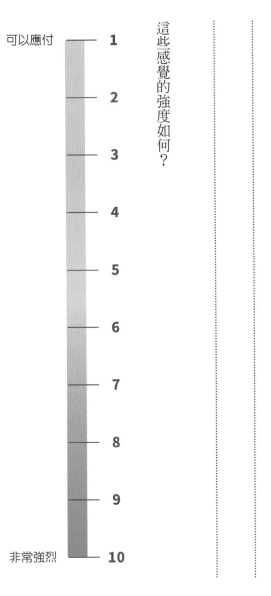

我有多常感到焦慮或害怕？

焦慮時，我的想法是：

焦慮時，我身體上的感受是：

焦慮時，我情緒上的感受是：

在焦慮的當下，我能讓自己冷靜下來的方法是：

如果過了一段時間這種感覺還是持續的話，我會求助的對象是：

憂鬱

我曾經憂鬱過嗎？

這些感覺的強度如何？

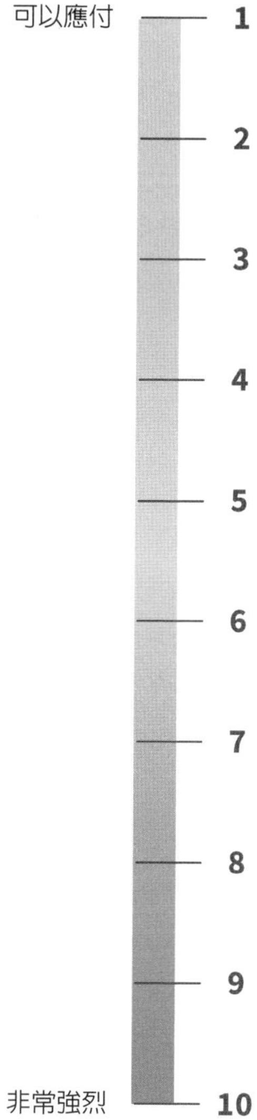

我有多常感到憂鬱？

憂鬱時，我的想法是：

憂鬱時，我身體上的感受是：

憂鬱時，我情緒上的感受是：

在憂鬱的當下，我能讓自己振奮起來的方法是：

如果過了一段時間這種感覺還是持續的話，我會求助的對象是：

壓力

我曾經有過壓力嗎？

這些感覺的強度如何？

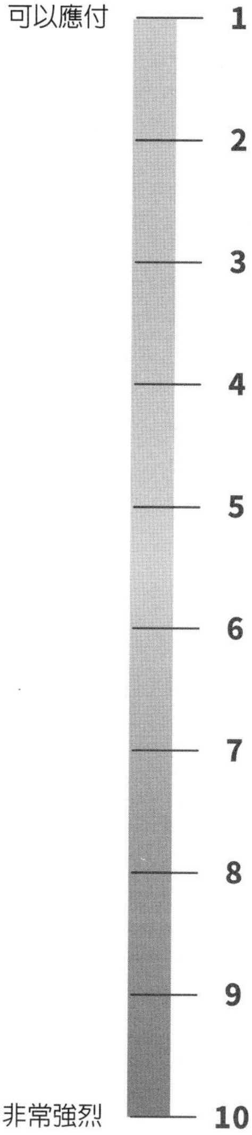

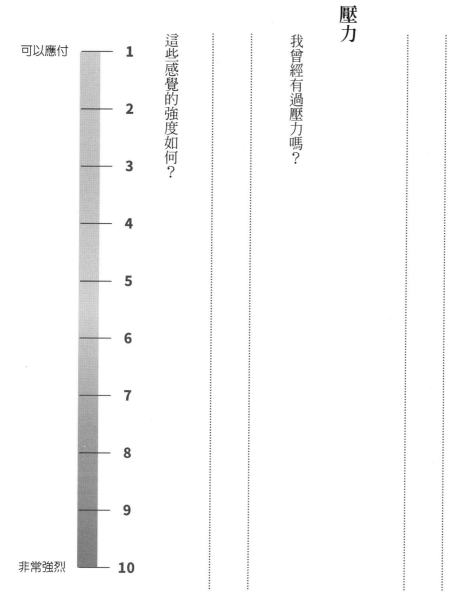

我有多常感到壓力？

感到壓力時，我的想法是：

感到壓力時，我身體上的感受是：

感到壓力時，我情緒上的感受是：

在感到壓力的當下，我能讓自己放鬆及舒緩的方法是：

如果過了一段時間這種感覺還是持續的話，我會求助的對象是：

我可以透過以下的方式放鬆：

落實自我照顧、疼惜自己和善待自己，例如：

接觸能給予幫助的社群網絡，例如：

做我最喜歡的運動或身體的活動，例如：

做我最喜歡的創造性活動，例如：

我能挑戰自己的負面想法的方法是：

我關閉負面思維的方法是：

★專家分享★

找到你的心靈庇護所

我有過一段非常痛苦難忘的童年和早期生活，而我的生存技巧之一就是讓自己置身於色彩中：透過任何的藝術媒介，不論是油畫、素描、版畫或雕塑。從以前到現在，色彩一直都是我的表達工具。它在許多方面造就了現在的我。藝術與色彩成為我的幸福工具。它們幫助我度過困苦的時光，同時也有助於我在撒瑪利亞會的工作，因為我已習慣去問，我為什麼會畫這個？它帶給我什麼感覺？

我一輩子都在從事護理工作，而藝術已成為我的出口。它使我有更多的好奇心，想要去探索及了解。它讓我運用不同的媒介和它們各異其趣的質感，並令我專注於做這些事的過程。它能令我忘記自己和一切發生的事，或那些我離開畫室後會發生什麼的想法，因為我的腦袋已被藝術占滿了。

我開始為看護者開辦藝術課程，而現在我也成為看護者，因為我丈夫罹患了失智症。處理人和藝術，其重點都在於傾聽與支持他人，這是一種很棒的建立連結的方式。如果你是看護者，找一處能讓你暫時走進另一個世界的安全空間，這對你的幸福來說是非常重要的。當我走向花園盡頭的畫室，那裡就是我的庇護所。

你可以用藝術來創造你自己的小小庇護所。你想怎麼做都可以，不論是裝飾某個區域、掛一幅畫、或是在窗台上種一些盆栽。事實上，創造與培育是相關的。

當你面對一張空白的紙時，可能不知道該從何處下手。但你可以先讓筆和紙接觸，然後再看它會帶你往哪裡去，這種做法本身就是很棒的開始。或者，你可以先將彩筆沾上顏料來試一下顏色。木炭是最好的繪畫工具之一，因為它真的又黑又髒。你可以先用大塊木炭隨便畫幾筆線條，接著用你的手抹開它們（這是身體與紙進行接觸的一種很棒的方式），然後再畫出你所看到的圖案。你不需要計畫任何事情。之後，你可以用橡皮擦做出更多的圖案，而你已經創造出東西來了！最後的成品如何並不是重點。你內在的東西才是真正重要的。

——蘿西（Rosie）

湯頓的撒瑪利亞會志工和藝術家

寂寞與孤獨

人類渴望得到關注。我們在團體中成長茁壯。我們是社會的動物，並且需要別人在我們身邊。感受自己與他人的連結是人類的基本需求，這對我們的幸福而言是必要的。有大量的證據顯示，社會的連結（不論是伴侶、家人、朋友或同事之間的連結）能促進良好的健康；相反的，當我們與他人疏離時，我們就會變得很不開心。找不到能提供支持的關係，或光是一個找不到人聽我傾訴的想法，就能引發寂寞的感覺；對某些人來說，甚至還可能導致極度的不開心和憂鬱。

當我們談到寂寞和孤獨時，我們說的不是外赫布里底群島的農場生活。寂寞和孤獨可以是一種感覺，也可以是具體的狀況。當你感受不到連結或得不到任何人的認可時，你可能會在一段關係中感到寂寞，也可能在眾人之中或看著社群媒體時感到寂寞。事實上，社群媒體還可能使那種疏離的感覺——這與我不合、我無法認同、沒人眞正了解我——變得更加嚴重，因爲我們在社群媒體上看到的生活樣貌通常都不是眞實的，並且是透過名副其實的濾鏡在觀看。科技帶給我們無限的可能性，但我們仍需要人的連結來建立有意義的關係。儘管社群媒體的連結爲我們的生活添加許多價値，但它們再怎樣也無法取代眞實之物。

當逆境來臨，我們獲得的支持能使我們有更大的恢復力，而那是需要被滋養的。危機出現時，人與人之間的連結及我們從中獲得的益處，能使我們有更好的應付能力，並在我們面對困境時成爲我們的安全網。人在艱難的時刻，陪伴就是最大的支持。我們與他人的連結，以及他們與我們的連結，使我們更爲強大。在困難的時刻，我們都希望那些關心我們的人能在身邊；他們是我們能夠傾吐心事和獲得幫助的人。

你曾感到寂寞嗎？

那是什麼樣的感覺？

什麼使你感覺好一點？

你怎樣知道自己需要找人談一談？

我的支持網絡是：

（例如：朋友、家人、支援人士、宗教團體、社團、運動團隊、撒瑪利亞會。）

今天我與人連結的方式將會是：

（例如：跟新的人交談、打電話給朋友、做新的計畫。）

今天我與自己連結的方式將會是：

（例如：對自己誠實、試著別告訴自己我不該有這種感覺、接受「我有這種感覺也沒關係」。）

專家分享

練習傾倒憂慮

我經常會對打電話來的求助者說：「聽起來你好像不知如何是好。」人們會談一些他們不知所措的事，而這些事每一件都很難處理。但有時候，這些事情似乎是同時發生的。我的感想是，同時發生多件事情不是讓你多幾件事處理而已，它們會以倍數增加。

我經常從中受益的一種技巧是，坐下來用一張空白的紙來做我所謂的「傾倒憂慮」練習。在這項練習中，我會把每一件心事都寫下來，它們不必有順序、結構、等級或計畫。這種做法就是在某種程度上將這些心事發洩出來，而不必把它們全裝在我的腦袋裡——它們全都傾倒在紙上了。我可以隨時回來處理它們。當我覺得準備好要處理其中任何一件事情時，我會單獨思考不同的點，並且想：「關於那件事，我能夠做什麼？」

幾乎撒瑪利亞會的每一通來電，人們談論的都是寂寞或孤獨。有時候它可能是關於沒有歸屬感或周圍沒有其他人。有些人若是有疏離感，那麼即使他們是處在一段關係或一群人當中，他們還是會感到寂寞。

我自己也深受憂鬱之苦，但這是龐大又複雜的主題。不過，我有一個又好又簡單的看待它的方式，這對我來說很管用。許多時候，我們都想把現實的狀況隱藏起來。所謂的壓抑，就是你把某件事擱置一旁，並且知道自己這樣做了。所謂的潛抑，就是你把某件事擱置一旁，卻不曉得自己這樣做了。不論是壓抑或潛抑，那件事都沒有離開——那是不可能的。而那種把事情擱置一旁的感覺會造成真正的壓力感。當這種壓力在心中累積，就可能導致憂鬱。

人們或許已經知道表達他們感受的最佳方式，但那通常是透過言語或眼淚。眼淚可能有所幫助，但我們無法一直生出眼淚說哭就哭；況且人們通常會發現，以這種方式來表達自己是比較困難的。但不論你是把自己的感受大聲說出來、寫出來或哭出來，它們都是你發洩的一種方式。

別忘了，如果你真的很難過，並且很難單獨做這一類的事情，那麼你可以隨時打電話給我們，不分晝夜。

——喬（Joe）

普雷斯頓和布拉克本的撒瑪利亞會志工

壓抑、潛抑和表達

是什麼造成你的壓力？

那是什麼樣的感覺？

你覺察到你在壓抑什麼？

有什麼是你認爲自己在潛抑的？

你曾經感到憂鬱嗎？

你能怎樣表達自己？

傾倒憂慮練習

將此刻你腦海中的一切寫在這一頁上。如果你想要的話，也可以稍後再回來寫其他不同的重點。

困惑

對你來說，困惑是什麼樣的感覺？畫一張你的內心感到困惑時的圖像。

畫一張圖像來表達你的內心沒有困惑時的感覺。

你能如何重建你關於困惑的思維框架？

（例如：「困惑在當下令人不好受，但或許它背後是有原因的。」）

如果你能不帶任何的負面影響、恐懼或譴責地思考任何想法，那麼你會想什麼？你會是什麼人？你會做什麼？你會有什麼感覺？

「當一個人有了勇氣，
就沒有任何事物
能使那由內而發的光芒變得黯淡。」

—— 美國詩人　馬雅・安傑洛（Maya Angelou）

專家分享

著眼於整體

我在撒瑪利亞會已超過三年，同時我也在伯明罕大學輔導年輕學子，幫助那些即將畢業的學生從校園過渡到出社會工作。新冠疫情爆發後，人們進入就業市場時發現，工作真的非常非常難找。由於裁員和換工作的因素，求職的人數急劇攀升。我試著幫助他們保持士氣，並與他們談及一個事實：即使感到悲傷或灰心也沒關係。我不會告訴他們要振作起來，或一切都會變得更好；相反的，我會安慰他們說，他們會有悲傷、壓力或稍微心灰意冷的反應都是很自然的事。這是人類對於現況的正常反應。重點在於你如何學會應付及面對這些問題。

我鼓勵他們著眼於整體，並去了解自己目前做法的前因後果，以及他們接下來想要做什麼。只要他們對自己的處境有更多的了解，那麼發生挫折時，他們就會有更好的準備。他們會說：「這又不是世界末日；是這些原因導致這個狀況。」

由於我沒達到第一志願的大學成績，因此我決定繼續做原來的全職工作，同時在開放大學研修心理學。我認為重要的是找出你的動機，而不是你的最終目標。對我而言它就是，我很少看到異族人士在企業界擔任高層，而我想改變這個現狀。結果是，我的學業成就的價值或重要性，比不上我的實際工作經驗，但它確實給了我另一種綜合的技能。這一切只是說明了，沒有所謂正確的道路——你有許多其他的路可以走。我們只需作出了解狀況後的選擇。

找出或建立自己的支持網絡是很重要的，但信心和自我意識是關鍵所在。你可以學會有足夠的自信去了解，即使你犯錯或某件事出了差錯，你也可以從中學到東西。如果你不學習，你就無法進步。

我會運用許多積極的加強措施，因為人們可能會嚴厲地批判自己——他們往往無法在對自己的負面看法與更正面的想法之間保持平衡。當人們反思並讚許自己那些良好的特質時，他們就不會再對自己那麼嚴苛了。畢竟，沒有人是完美的。

這與我們在撒瑪利亞會的做法很類似。我們知道，我們無法將人肩上的重擔全部卸下，但當我們傾聽對方說話時，就可以幫他們減去一些負擔。在他們覺得自己面臨巨大的障礙時，負擔的減輕能使他們得以繼續前行。

——阿茲哈爾（Azhar）

雅芳河畔史特拉福的撒瑪利亞會志工、諮商師、顧問及心理學學士

「我們要有堅持不懈的精神，
尤其是對自己要有信心。
我們必須相信自己有做某件事的天賦，
而這件事是我們必須實現的。」

——居禮夫人

自我檢測

我現在的想法是什麼？

我現在的感覺是什麼？

我能不帶論斷地接受自己的想法和感覺嗎？

我能給自己的情緒一個名稱嗎？

我能接納這些情緒而不會自我批評嗎？

給自己一個讚美：

失敗

你擔心失敗嗎？將回答寫下來。

你以前看過「失敗（FAIL）」這個首字母組合詞嗎？

F——第一次（first）

A——嘗試（attempt）

I——於（in）

L——學習（learning）

你認爲你可以將自己的想法扭轉過來，並把那些自己覺得失敗的事看成是學習的機會嗎？將回答寫下來。

我最棒的特質是：

8

我接受每個當下的自己

可使用的治療種類

本章稍後會談及靜心、正念與呼吸的練習，它們能幫助你學會更深入地覺察自己的思維過程。此外，我們也將探討有助於你保持平衡的自我照顧的好習慣。然而，有時候當更重大的事情發生，或者你發現自己的感覺惡化或行爲模式增強時，取得正確的幫助是非常重要的。以下是現有的一些治療種類的清單。你可以利用這次的機會研究它們並做筆記，萬一需要它們的時候，你就曉得自己有哪些可利用的選擇。

諮商

這是透過指導性的對話來幫助你了解自己的感受及處理它們的方法，通常有特定的範圍，例如：喪親之痛、感情問題或重大的人生變化。

認知行爲治療

認知行爲治療著重於現在，而不是回顧你的過去。它會檢視你的想法、行爲、身體反應和情緒，並幫助你訓練自己接受及改變它們。

心理分析

這是一系列與佛洛伊德有關的理論及治療方法。心理分析結合了心靈的無意識和意識的部分，以發現可能被潛抑的恐懼或衝突，尤其是童年時期。

第三波療法

第三波療法結合了心理學與全方位的醫療觀。其概念不是與負面的想法對抗或擺脫它們，而是改變你與自己的想法的關係，從而能看著它們來去。

暴露療法

暴露療法是認知行為治療中一種治療焦慮症的方法。它會將當事人暴露於他們的恐懼來源，目的是要揭露該危險是否屬實。

人類天賦療法

這是根據人類與生俱來的基本需求（例如：意義、連結、控制、隱私、自由）所建立的全方位科學架構。

完形療法

這種方法著眼於自我在周遭環境當下的內在感受，以幫助我們了解自己在這個世界的位置，同時也探索過去衝突的解決之道。

人本療法

這種方法著眼於如何爲你作出最好的選擇，使你能成爲當下最佳版本的你。它是建立在成長與自我發展的基礎上。

人際療法

這種方法著重在你與他人的關係及依附的問題。

正念療法

一種結合心理學、正念、靜心與認知行爲治療的心理療法。

後設認知療法

這種方法著重在改變人們的思維方式，而不是改變他們的實際想法。

正念靜心

靈性與靜心的正念練習有許多不同的種類。但簡單地說，正念就是心不想著過去、也不擔憂未來，而只專注於當下的發生。

正念的主要準則是，覺察自己和周遭的環境——注意你在做什麼，以及你是如何做的。這是要訓練大腦和身體更加覺察當下的發生，並聚焦於眼前這一刻，不論你在做什麼——不管你是在吃東西、走路或聽人說話。做正念練習時，你可能坐著面對一杯茶，看著它的熱氣升起，專注在你的呼吸上；或者你會把感官聚焦在花或蠟燭之類的東西，而當你分心走神時，就可以把心重新帶回到這個焦點上。

這聽起來很簡單，但要養成正念的習慣是需要練習的：把你的心訓練成可以隨時回到此時此地，漸漸地把你的注意力拉回到當下。

想想看你能如何專注於當下——那些一直都在發生、但往往被我們錯過的念頭、聲音和身體的感受。當你的心開始分心走神，想著待辦之事、晚餐要吃什麼或明天要做什麼的時候，就試著將你的心帶回到此時此地。

今天，我練習正念的方式是……

（例如：安排時間去散步、午休或喝個下午茶、將手機放在別處、去外面呼吸新鮮空氣。）

專家分享

活在正念的愛裡

只要是與某人坐在一起，試著去思考你內在發生什麼的治療，都是一種靜心的練習，因為你是在認真地傾聽那發生在表面之下的事情。靜心並不是壓抑念頭：它允許念頭浮出表面，對它們沒有任何的執著。我們往往會在腦海中憂慮過去做了什麼或未來會發生什麼，但唯有當下這一刻，我們才會感覺自己是活著的。

正念是非常簡單的東西。它是為我們自己創造一個可以無比地放鬆、並且注意內在正在發生什麼的空間。它是放下手邊之事，並找時間與自己相處。我們都有過這種體驗，不論是踢足球或遛狗，在這些時刻，我們可以放下一切，讓事情是怎樣就怎樣，並突然覺得自己活在當下。正念能幫助我們放下及思考：「我是住在身體裡的人。那是什麼樣子？那是怎樣的感覺？這副身體裡發生了什麼事？」它是感受你的腳踩在大地上的感覺，呼吸，並且真正體會到「身而為人」的意義。

正念是學會去問：「你覺得自己裡頭有什麼是你必須遠離的？」隨著年齡的增長，我們受到的制約也越來越多。人們告訴我們某種感受是不好的，抑或我們不該有那種感覺。換言之，當我們有負面的感受時，就可能導致人與人之間的嚴重衝突。此時，疼惜自己就很重要。

有時候人們對待自己的方式，是他們連作夢也不可能以那種方式對待他人的。他們會對自己非常殘酷，而正念能幫助你覺察到這件事。也許我們有正常的理由來生氣或討厭自己，但我們往往會潛抑這些感受，直到它們成為我們無意識的一部分，因為我們害怕它們。事實上，我們必須慈悲地對待自己。我們必須要能夠說：「是的，我很生氣，因為我做了我不喜歡的事。」

但接下來我們不是譴責自己，而是應該去了解導致我們這樣做的原因。釐清原因後，我們通常有很正常的理由來解釋我們為何會出現壓力、憤怒或其他任何的情緒。靜心是有益的，因為它能幫助你靜下來，不帶任何論斷地覺察表面之下發生的事。

跟自己建立良好的關係及傾聽自己是重要的。然而有時候，我們需要別人來幫忙看問題。畢竟我們都有自己的盲點。我認為人們之所以會拖延治療，是因為我們害怕這種被看光光的感覺。人們通常只有在遇到真正的危機或突然發現自己卡在負面的模式裡走不出來時，才會去接受治療。

寫日記可以有很大的幫助，因為你會花時間跟自己相處。光是書寫或打字就能賦予你反思的空間，有條不紊地將時間奉獻給自己。如果它真的把某些東西帶出檯面，那麼顯然這些東西是想跑出來的。

我認為你可以學會調整自己的情緒，但這是需要練習的。做任何事，不論是寫日記、靜心、正念或治療，你都必須付出時間和努力，並使它成為一種紀律。在我們的文化中，我們經常會期待快速的解決方法，因為我們認為凡事都可以用錢迅速解決。但如果你遇到的是困難的問題，你就必須付出時間和努力才能真正地了解及解決它。

——保羅・沙維奇（Paul Salvage）

英國心理治療委員會精神動力學心理治療師

咒語靜心

咒語靜心是練習將注意力專注於心中重複的某個語詞一段時間。當你苦於擾人的想法、令人不知所措的情緒或難以持續專注時，你會發現這種類型的靜心很管用。

選一個能帶給你愉快的意象或聯想、但又不會過度引發其他念頭的東西，例如「雲」、「花」、「平靜」或「天空」之類就很合適。一旦你找到自己喜歡的語詞，往後就用它作為靜心的咒語。

透過咒語靜心，你同時集中了你的注意力和念頭。這與其他類型的靜心有所不同。其他類型的靜心是將你的注意力放在呼吸之類的上頭，或是不將注意力放在任何事物上，而是純粹觀察當下發生的一切。此外，它也與重複某句話來影響你的信念的肯定語、以及專注於某個意象的觀想有所不同。咒語靜心是重複某個詞語並專注其上，來將其他的一切排除在外。

一開始，你可能很難將注意力只放在咒語上。你會發現，有許多念頭都在博取你的注意力，這會令你很難專注於咒語上。當你撥出時間只想著你的咒語而不必想其他事情的時候，你會發現，你的心是多麼地想把其他的事情扯進來，即使根本無此必要。在某種程度上，你必須接受自己的腦袋將會充滿你從這世界收集來的刺激（有些是正面的，有些是負面的），以及你有某些悔恨、或與他人有尚未解決的事情仍讓你耿耿於懷。然而你可以選擇說：「我承認這一切，但在接下來的十分鐘，我只會想這個咒語。我會重複此咒語，直到我的腦海裡沒有其他的念頭。」

然後，你可以練習將自己的心轉回到你想專注的事物上。隨著時間的推移，你會鍛鍊出這個「肌肉」，並且越來越得心應手。如果你的心感到焦慮、恐懼或惱怒，多多練習咒語（而不是在過程中經歷大災難），可以幫助你的心了解到，讓自己控制專注力的方向是沒問題的。隨著時間的累積，它會幫助你感到更加的平靜。

你的頭腦可能想把那些擾人的念頭丟給你，但透過這個練習，你可以選擇把注意力放在你想要專注的對象上，並且你會發現自己的心變得更樂意配合。接著，你可以把這力量和目標的一致性運用在其他的狀況，來使你的心專注於你想要的方向上。

——賽門（Simon）
撒瑪利亞會中央辦公室志工

療癒時間

練習咒語靜心

做咒語靜心不需要寫任何東西。只要選定一個詞語，然後挪出時間來重複它即可。

你可以用計時器來提醒你何時結束。

有些人會用念珠來取代，每念一句咒語就撥一顆念珠。

與大自然連結

有時候，外出呼吸新鮮空氣確實能幫助我們消除心中的憂慮，使我們不再深陷於特定的思維模式中。每天安排時間外出。你可能喜歡打開自己的感官，並記下所有你看到、聽到、聞到和觸摸到（甚至是嚐到，如果你外出散步時吃了冰淇淋或喝咖啡）的一切。把你的體驗寫下來，並盡你所能地加以描述。或許你可以把關於形狀、色彩及其他特定細節的觀察也加進來。

你在哪裡？

你看到什麼？

你聽到什麼？

你聞到什麼？

你觸摸到什麼？

你嚐到什麼？

「大自然的寧靜會流入你，
如同陽光流進森林。
風會把它們的清新吹進你，
暴風雨會把它們的力量吹進你，
而你的憂慮會像秋葉般飄落。」

—— 環境保護專家 約翰・繆爾（John Muir）

安住在情緒的波浪中

如果你想要的話，可以運用正念的基本概念，透過接受自己的想法而不是被它們捲走來促進你的情緒健康。可以把這個過程想像成坐在海灘上，你知道海浪會來也會去。當你覺得自己就像在大海中載浮載沉，那麼現在最重要的就是想辦法讓頭保持在水面上，讓你還能夠看見海岸。被困在海流中是很難受的。倘若你使盡全力游泳仍一籌莫展，那麼此時你或許應該改變方向。如果你改用仰式漂浮，那會如何呢？你能吸氣來讓肺部變成救生衣、吐氣來讓自己感受波浪的來來去去嗎？你能專注於當下，單純地讓海浪慢慢地把你漂送回岸上嗎？

若你能了解大腦裡發生的事，並知道它在你身體裡是什麼樣的感覺（例如：「我的心跳非常快，我在冒汗，但我知道這是恐慌的症狀，最糟也就這樣了。」），那麼你便可以學會接受它。隨著練習和時間的累積，你甚至可以學會放下它。質疑、傾聽、證實、處於當下、接受自己經歷的這一切並不好受。你要記住這引導你到平安之境的整個過程。

人生的某些時候，你會發現自己被驚濤駭浪帶往錯誤的方向；而有時候，你會在美好又溫暖的海灘上，你可以玩玩水，坐下來，你甚至會變得有點無聊。一般來說，我們會找出折衷的辦法，一方面能在溫暖舒適的海水中愉快地游泳，一方面又能有足夠的挑戰和休息來使你保持平衡並享受這個體驗。

當你感覺恐慌到來、憂鬱降臨或巨大的憤怒生起時，就學習迎向這個浪頭，並接受這是一種正常又可理解的回應，以及這是你可以認出而非對它起反應的東西。要知道，壓抑自己的感受或與之對抗，很可能會使它變得更糟糕。剛開始或許很不容易，但波浪終究是會平息的。也許下一個波浪會更小。或許它會更大，但你將知道讓自己安然度過的技巧。我們越練習，就越能預測波浪的流動，並乘著它們回到岸上來。

- 在經歷情緒時接受它們。把它們想像成是波浪的起伏。雖然你無法控制它們，但你可以幫助自己保持漂浮。
- 別跟你身體內的反應對抗。你越是想把它壓下去或阻擋它，它就會持續得更久。想像你在浪尖之上，並安慰自己這終究會過去的。
- 乘著情緒的波浪，並調整你的呼吸或數息，直到情緒逐漸退去。
- 別緊抓著情緒不放。想像你放下它。事實上，你根本無法抓住情緒，就如同你無法抓住水一樣。
- 數著這些波浪的來去。
- 要了解，這些波浪終究會停止翻湧的。

四個對治情緒的呼吸練習

對治焦慮的呼吸練習

用鼻子正常地吸氣。吐氣，但時間長一點，把它想成像是皮球洩氣般。如果你想要並已準備好的話，你可以吸氣從一數到四。再次吐氣，被動又緩慢地用鼻子把氣吐出來。練習吸氣從一數到四，吐氣從一數到六。

用於平衡的呼吸練習

這個簡單的呼吸練習有助於改善心情低落、無精打采、悲傷或憂鬱。用姆指或其他指頭按住一個鼻孔，只用另一個鼻孔吸氣。吐氣時，放開剛才按住的鼻孔，改成按住剛才吸氣的鼻孔，然後吐氣。吸氣能幫助你振作及增加活力，吐氣則是使你平衡的一種釋放。持續做三分鐘。練習時要閉眼或睜眼可以自行決定。

增加活力的呼吸練習

抬起手臂高舉過頭，同時吸氣。如果覺得舒適的話，感受一下你那輕輕上揚的嘴角，以及你那伸長的脊椎和朝著天空的頭頂，慢慢將注意力的焦點放在你的身體上。平靜地放下你的手臂，同時吐氣。這個動作要做多少次都悉聽尊便。

4－4－4呼吸法

這個技巧很好記，幾乎任何地方都能做。只要有需要，你就可以練習一下。你要做的只是：

1. 吸氣四秒鐘。
2. 閉氣四秒鐘。

3. 吐氣四秒鐘。

4. 等四秒鐘再吸氣。

做呼吸練習時，你可能會打哈欠。不過別擔心，這其實是好現象，因爲這代表你已攝入大量的氧氣。試著硬打哈欠，看看會發生什麼事。此外，你也可以試著嘆氣——先吸一口氣，然後在吐氣時發出聲音。做這些動作的同時，頸部、肩膀和其他緊繃的肌肉都要放鬆。試著做幾次這樣的呼吸練習。

讓呼吸和運動助你平靜下來

現在每個人都想快速地得到一切，但其實我們真的需要慢下來。活在此時此地的我們，每個人都有自己的身心容納之窗（window of tolerance），一旦我們感受到威脅時，就會進入過高激發（hyper-arousal）或壓力的狀態。

先在呼吸方面下功夫來與自己連結，這能幫助你很快地找到平靜和安心感。覺察呼吸並專注於簡單的呼吸練習，就好比是給自己一個內在的擁抱。從生理上來說，你的身體有一種固有的自動反射，會在你吐完氣後自動吸氣。因此當你處於高壓的狀態——感覺就像過度換氣一樣（快速的大量吸氣）——此時，你要盡可能長時間一心專注於吐氣，並相信你的身體會幫你顧好自動吸氣的部分。保持簡單。吐氣時，要如同它能吐掉你的壓力或焦慮一樣，因為較長的吐氣會影響副交感神經系統（參閱第116頁），從而幫助你平靜下來。最簡單的轉化方法就是，吸氣數四下，吐氣數六下。更多的呼吸練習實例請參閱第19頁和第249頁。

當你覺得自己出現恐慌、腎上腺素飆升時，你可以做的另一件事是把它消耗掉。你的本能恐懼反應告訴你：「快跑！」那麼，你就跑。做一些活躍的事，不論是做二十個星形跳或慢跑都可以。順著你的頭腦，把腎上腺素消耗掉，如此一來，你的身體將會處於正向的疲勞狀態。

感覺及接受身體內的情緒，動起來是很重要的。做瑜伽會非常有幫助，但你也可以用任何自己覺得舒服的方式動起來，無論是做伸展操、走路、跑步、上健身房、打高爾夫或跳舞之類的。當你焦慮時，你的大腦會釋放大量的壓力賀爾蒙腎上腺素和皮質醇，而當你的身體動起來，你的大腦會製造天然的血清素（快樂賀爾蒙）。

運動帶來的身體疲勞感也有助於睡眠，這種狀態比壓力所造成的身心俱疲的感覺好太多了。

當你做瑜伽時，你會活化一種稱為島葉（insula）的東西，它是負責調節神經系統和免疫系統的腦的一部分。當你用到這部分，你會感覺自己的大腦好像被按摩了一樣。

當我們處於悲苦的狀態，而不是以大腦的理性部分來思考時，我們就會以大腦的情緒部分（杏仁核）來行動和反應；換句話說，我們會不知所措而無法推理及思考。經過一段時間的呼吸練習和運動，我們便能學會讓神經系統和杏仁核平靜下來。當我們變得更平靜、穩定、感到安全，大腦那思考的部分就會開始回歸，我們也就能作出更好的抉擇。

——羅娜（Lorna）

英國心理治療委員會心理治療師和瑜伽老師

專家分享

透過唱歌緩和你的情緒

我是全職的音樂家，我的許多工作都帶有治療的元素。我治療的對象是家居人士、失智症患者、阿茲海默症病患及其照顧者。我用音樂來使人放鬆及轉移注意力。

音樂是進入我們情緒的強大工具，它會活化邊緣系統，亦即大腦處理記憶和情緒的部分。這就是為什麼音樂會如此感人。每個人都有自己的人生配樂，不論他們有沒有覺察到這一點。收音機總會傳來幾首讓我們想起某件事的歌，並引發極為強烈的情緒。

與被動聽音樂相反的是主動創作音樂，這也有相當大的療癒效果。唱歌對緩解壓力或憂鬱之類的情緒有很大的幫助。這是每個人都會的樂器。唱得好不好並不重要，重要的是參與及嘗試。唱歌很類似正念，因為它也會用呼吸來放慢你的腳步、使你的神經系統平靜下來、讓你的心能專注。唱歌有許多生理學上的好處——你的大腦和五臟六腑會得到更多的氧，因為在唱較長的樂句時，你會不得不做深呼吸。如同唱誦、念咒或靜心能使你穩定和歸於中心一樣，重複地唱歌也能使人感到寬慰。此外，你的姿勢也會調整而自然坐直。唱歌也有助於放鬆及促進睡眠，並且其樂無窮！我經常透過唱歌來緩和自己的情緒。它是改變心情及從某個處境抽離出來的好工具。再者，它也是一種很好的社交。當然，你可以自己一個人唱歌，但它也是與別人建立良好關係的好方法。

我會在演出前做歌唱的暖身動作來放鬆身體、臉部和聲帶。有時候，我會要人們做各種誇張的臉部表情來伸展他們的臉部肌肉，因為我們往往會把壓力或焦慮之類的情緒緊繃在下巴和太陽穴的位置。有一種歌唱的熱身練習可以將這個緊繃鬆開，方法是用舌尖去碰觸口內的每一顆牙齒。首先是碰觸每顆牙齒的內側，然後是外側，上下排牙齒都這樣做。當你感覺到壓力或焦慮時，這樣做能完全鬆開頸部和下巴那些緊繃的肌肉。

如果你心情低落難以展開笑容，你可以做一種與展開笑容時用到的肌肉完全相同的練習——其實就是練習母音，不過是用超級誇張的方式發聲，你必須真正地拉開嘴角及嘟起嘴巴。你不必笑，它就已經給你一個笑容了。

有時候，你會想播放一些催人淚下的音樂來讓自己好好地哭一場，將所有的情緒都發洩出來。我稱這為「消遣性哭泣」。你哭泣的時候，身體會把那些你必須擺脫的賀爾蒙排出體外。事實上，我們的眼淚隨著哭泣的種類不同（例如：悲傷而哭、生氣而哭或身體疼痛而哭），其化學成分也不一樣。因此，好好地哭一場是一種很大的釋放，因為你會擺脫許多壓力賀爾蒙皮質醇。

——伊黛爾（Edelle）

貝爾法斯特的撒瑪利亞會志工

你的「消遣性哭泣」配樂

列一張能使你產生情緒來做「消遣性哭泣」的歌曲清單（如同第257頁所述）：

* ……
* ……
* ……
* ……
* ……

製作振奮人心的歌曲播放清單：

* ……

製作安撫人心的歌曲播放清單：

* ……
* ……
* ……
* ……
* ……
* ……
* ……
* ……
* ……

製作你能跟著哼唱、有動聽易記的副歌的歌曲播放清單：

* ……
* ……
* ……
* ……
* ……

寫一首你能靠記憶背出來的歌曲歌詞：

將一首你能靠記憶背出來的動聽歌曲的副歌寫出來。每當你聽見這首歌，就跟著一起唱。

「音樂是心靈的語言，

它開啟了那帶來和平、終止紛爭的生命祕密。」

—— 詩人　紀伯倫

專家分享

音樂治療

有了音樂，你就不需要用語言來溝通。音樂能幫助你說明那言詞所無法表達的。你不必是音樂家才能參與，彈奏樂器也沒有所謂對或錯的方式。重點只在於探索和實驗。

每個音樂治療的療程各有不同，但大致上來說，它們都與聲音、音樂及運用當時給你的東西有關。整個過程最重要的是，你要能坐下來利用聲音和樂器來探索你的情緒狀態，不論是透過聆聽、彈奏或治療師給出某種你與之共鳴的音樂——它甚至可以是寂靜無聲。總之，你的工具就是音樂。

在心理治療中，有說話者和傾聽者。但音樂治療不同的地方是，你與治療師同時會有對話和音樂彈奏，並且是互相輪流的。當你在表達難以傾吐的情感時，你的治療師會彈奏某種音樂來安你的心，使你能再深入地進行探索。音樂是健康地宣洩情緒的好方法。舉例來說，打鼓就是表達憤怒的一種安全方式。

我們每個人裡頭都有音樂。我們的脈搏和呼吸有其節奏，我們說的話語有其音調。我們表達憤怒或呈現喜悅的方式（我們發出的聲音、倒抽一口氣或嘆息）都是非常具音樂性的。而這就是我們的起點。

音樂治療的療程可以是有系統或無特定結構，一切取決於個人或他們想要做什麼。你與音樂治療師做的事可以非常組織化，例如：一起聽歌、探索歌詞、或檢視過去某一首對你來說頗具影響力的音樂的重要性。你們可以彈奏音樂，或只是拿起樂器，然後看看會發生什麼。重點在於觀察出現了什麼，以及其背後有什麼意義存在。重要的是那聲音連結到什麼，以及是什麼使它呈現出那樣的聲音。

有一些是你可以自己單獨做的，例如跟著哼唱你最喜歡的歌，或帶著正念發出不同的聲音來讓自己回歸到身體。將手放在胸膛，去感受你高唱或低吟時的振動。此外，你也可以拼湊歌詞、創造自己的旋律或寫一些歌詞。

音樂有助於集中注意力，使你能進入自己的感受中，但它同時也能幫助你釋放某種你原本不知道它是問題的東西，例如你原本不知道自己在生氣，但是當你開始奏起樂器，忽然間，你的憤怒就出現了。每當情緒變得高漲時，我就讓自己回到呼吸的自然節奏。活在當下的人很不一樣：他們不會猜測任何事物，而只是如實地感受他們當下所感受到的。

——艾倫·伊凡斯（Elen Evans）

音樂治療師

專家分享

創作治療

在藝術治療中，我嘗試去做的一件事就是放慢當事人的思緒（腦海中的混亂），並給他們時間從不同的角度去個別檢視這些念頭。而創作確實能做到這一點。我們採用涵蓋整個藝術範疇的各種創作，但重點都是要給人們不同的投入方式，並在他們掙扎著要不要這樣做時協助他們溝通。用大腦生物學的說法，這是在過去沒有連結的地方建立連結。

創作治療也有轉移注意力的作用，因為創作會占用受苦的大腦的不同部位。整個重點在於過程而不是藝術本身，不論它是數字油畫、詩詞、舞蹈、音樂、歌曲、拼貼畫或紡織。這一切都是一種讓你的頭腦忙於某件事並進行不同思考的機制。

油畫、素描、手工藝、鈎織之類的創作活動都會帶給你某種成果。當你感覺自己變得消極，這些活動可以讓你有事可做，並且之後還有成果可以拿出來，這能賦予你繼續前行所需要的那一點推動力。

創作的過程會由於專注而產生平靜感。傾聽也有異曲同工之妙。當某人處於極度苦痛的狀態，你可以透過讓他們暢所欲言來轉移其注意力及安撫他們，因為你打破了他們那些負面想法和感受的連結，並創造一個令他們感受到當下、重新聚焦、充滿目標的新連結。

創作是非常具有正念性質的活動，因為你必須專注於當下這一刻，並全神貫注地做眼前的事，不論你是在表演戲劇或製作玩偶。此外，表演戲劇或舉辦展覽也能帶動社群的凝聚。人們會因為共同的興趣和體驗而產生連結，彼此分享技巧可以成為交流的開始，從而有更多的交流，因為人們已經開始互相銜接在一起了。

在某個療程中，我們發給人們材料來讓他們製作自己的玩偶，然後再由這些玩偶說出那些他們難以啓口的事。結果他們不但說出自己的故事，而且還是在大庭廣眾的舞台上訴說這些故事。在這創作的過程中，有某種東西被釋放了，於是人們能在舞台上輕鬆自在地說出自己的故事，彷彿他們已不再那麼抗拒談論自己的感受。然而，創作也平等地賦予每個人力量，讓人們用自己的方式說故事。總之，創作可以釋放我們內在的某種東西，使我們能用不同的眼光來看一切。

——凱思（Keith）

印威內斯的撒瑪利亞會志工、

創意關懷（Creativity in Care）治療師

療癒時間

畫一棵樹

畫一棵樹木。你可以畫個簡單的樣子，也可以畫得很精緻，但是要確保土壤底下的空間跟上方的樹木一樣大。或許你可以先在紙的中間畫一條橫線，然後在橫線的上方畫樹幹、樹枝、樹葉和天空，橫線的下方畫樹根，並讓這些樹根的分布跟上方的樹木大小一樣。你也可以為這棵樹塗上顏色。

如果你想要的話，現在可以在樹枝、樹葉或樹根上寫字了。描述時要同時注意到表面上發生的事及樹底下看不到的部分。想想樹葉的敏感、樹枝的力量和樹根的深入。

舉例來說，你可以這樣寫：

- 在樹葉上描述人們可能怎樣看你這個人
- 在樹枝上描述你的最佳特質
- 在樹幹上描述是什麼使你保持強大
- 在樹根上描述是什麼使你保持穩固
- 在土壤中描述是什麼使你感到輕鬆自在
- 在天空中描述你希望未來有什麼樣的感受

你或許會想在畫樹木時複誦這些句子，如同第238頁的咒語靜心練習一樣：

- 我可以呼吸
- 我是強大的
- 我是連結的
- 我是穩固的
- 有些葉子會掉落，但有些葉子會在原處生長
- 不同的季節會帶來不同的挑戰
- 我會成長
- 我會持續成長

專家分享

情緒釋放術

我從事的是情緒釋放術（EFT），你可以跟治療師一起做，或自己一個人做。這是一種自我敲打的練習，它能讓你當場平靜下來，並緩解那些隨著緊張的念頭而來的不知所措或焦慮感。

當我們處於緊張的狀況，賀爾蒙就會開始起作用並引發戰或逃反應。有時候你光是**想**某個緊張的情境（不論是去超市或搭乘大眾運輸工具），那充滿全身的腎上腺素就可能對身體造成實質性的傷害。然而，透過敲打一些按壓點（類似針灸的穴道），你就能利用體內的能量系統。它能幫助你減少焦慮，使你能停下來、呼吸和集中注意力。你可以把它想成是感官的駭客。

在使用情緒釋放術時，我也會跟當事人談論特定的問題。這個過程分成三個階段：一、檢測自己；二、設定實際的問題；三、做敲打，並用一句正向的提醒語作為結尾。

做法很簡單。我們就以你搭公車會感到緊張、但你又不得不搭公車作為例子。首先是做壓力評分：分成一到十的等級，十是最嚴重的程度。接下來是設定問題：把你的問題大聲地說出來三次，同時敲打手的側邊（小指的那一側），大約每敲打六次就換另一隻手，這樣持續互換敲打。在敲打的同時，可以說類似這樣的提醒句：「我很緊張。我害怕搭公車，我真的很有壓力。我不想搭公車，但我今天還是會搭公車。這真的很嚇人，但我完全接受自己。我沒事的。」重點在於意識到，即使身體裡發生負面的反應，你還是說：「我仍然愛自己，而且我會想辦法完成這件事。」這樣大聲說三次可以讓你聚焦在這個問題上，並好好地面對它。

接下來，我們要開始進入敲打的階段。你要做的是，用你的手指快速地敲打以下的部位。你可以增加或減輕力道來讓自己感覺舒適。每個部位大約敲打十次後，再移到下一個部位：

- 鼻樑旁的眼睛內側
- 眼睛外側的眼尾
- 眼睛下方（沿著顴骨），敲打完一邊就換另一邊
- 鼻下的人中部位
- 下巴
- 鎖骨（朝鎖骨凹槽下方的小凹陷處，大約是在鎖骨一半的地方，用整個手掌拍打這個點）
- 腋下靠近肋骨的部位
- 頭頂

我們在敲打時會把提醒句拆分成小段，然後大聲地說出來。例如：

- 眼睛內側：「我很緊張。」
- 眼尾：「我真的很緊張。」
- 眼睛下方：「我害怕搭公車。」
- 人中部位：「我真的真的很有壓力。」
- 下巴：「我不想搭公車。」
- 鎖骨：「我知道我不得不搭公車。」
- 腋下：「我會搭公車，而且我會沒事的。」
- 頭頂：「但是我搭公車時可能會緊張。」

你可以使用任何新的詞語、突然冒出來的想法或句子來重複這個練習，也可以持續做個五次。然後檢測一下自己，看自己的緊張感（等級從1至10）是否有改變。當我們處於戰或逃的場景或心情感到低落時，我們可能會很難控制自己，但透過利用你的能量場，你可以幫助身體平靜下來，並開始更合理地看待眼前的狀況。

如果在公共場合做上述的敲打會令你感覺不自在，那麼你可以做另一個類似的練習，它只需要敲打手指的內側。這個練習不會引人注目，所以你在任何地方都可以做。它能幫助你轉移注意力、利用能量系統，並使你平靜下來。

重點在於允許自己感受你正在經歷的事，承認它正在發生的事實，同時讓你的心專注於別的事情。隨著時間的累積，你會更快地與大腦的理性面連結，而不是深陷在大腦的情緒面。

情緒釋放術的其中一面是，你的身和口必須同時參與，你的心才會專注於此時此地。這跟我們在撒瑪利亞會的做法很類似。我們會認可當事人的經歷，然後再試著溫和地提出問題來讓他們探索自己情緒上的狀況。人都是不一樣的。不論你的問題是什麼，你都正在感受它，因此它一定是真實的。這一切只是一個旅程。重要的是要知道，這個旅程沒有固定的路線。有許多其他不同的道路可以讓你更清楚地觀察和思考，而你必須找到適合你的那一條。

——希娜（Heena）

伊靈的撒瑪利亞會志工和情緒釋放術治療師

9

我可以建立健康的界線

懷抱希望

想一想第151頁海蒂分享的故事。她談到，說「我希望這件事能夠好轉」，會比說「我確定這一切很快就會好轉」，讓人感覺好得多。類似這樣，你也列出一些你希望別人對你說的話，例如：「我希望你能找到這件事的解決辦法。」

列出你可以對自己說的話，例如：「希望我可以繼續向前走。」

我很感謝：

我對以下之事充滿希望：

療癒時間

希望的拼貼畫

翻閱一些雜誌、明信片或舊書，把那些象徵你的希望的圖片剪下來，用它們來製作一幅拼貼畫。

洞察習慣

你有哪些不良的習慣？

你能如何戒掉其中的一些習慣？

你有哪些良好的習慣？

你能如何更常履行這些習慣？

專家分享

建立自我反思的習慣

我擔任傾聽志工已經大約四年了，同時我也是一位調解員兼衝突輔導員。在處理這些人的問題時我總是想，這背後的動力是什麼？當事人的障礙是什麼？他們的陷阱是什麼？然而，人們並不是要別人來解決他們的問題，他們想要知道的是，他們自己把事情梳理清楚了。因此跟撒瑪利亞會的來電者談話時，你只是溫和地引導這些人談論他們的感受，而不會告訴他們該怎麼做或提供建議——所有的決定都是他們自己作的；你只是給他們暢所欲言的自由。

對於情緒健康，我們必須採取與身體健康相同的做法。我們可以在日常生活中開發一些簡單的練習，來幫助我們改善自己的習慣及促進心理的健康。我們在撒瑪利亞會所遵循的原則（例如：惻隱之心、同理心和不論斷）完全適用於我們自己，並可以在行為及自我對話的方式方面，培養出自我照顧的好習慣。

我們越是重複及加強內在對話裡頭的東西，它們就會變得更加強大，與其相關的行為模式也會變得更為鞏固。你可以把腦袋裡的念頭想像成是你花園裡的植物。為了擁有漂亮的花園，你必須選擇正確的植物，並將那些決定每個地點最適合的植物的關鍵因素全都納入考量。接著，你必須用心澆水、施肥、好好地照料這些植物來幫助它們開花。此外，也必須在雜草搶走這些植物的養分前將之拔除。

我們的心就跟我們的身體一樣。我們必須知道它們需要什麼才能好好地為我們服務，並且要採取符合常識、科學、合理的方法來改善我們的「精神飲食」。我們是具有改變能力的變動性生命體。一旦我們領會到讓某種想法和能量生根的結果，我們就能停下腳步並為自己決定，我們需要哪些工具來培養新的習慣。我們只要經常重複這些新習慣，就可以引發那些能讓我們享有更幸福、更健康的未來的必要改變。

至於什麼才是最有幫助的，這完全因人而異。想像你正收拾背包要去遠足。你會帶什麼東西呢？在這趟旅程中，什麼是最有用的？什麼是不太管用的？什麼會使你不堪負荷？接著，收拾你的「大腦背包」，並應用同樣的概念：做一些筆記；把一些工具畫出來；將背包的不同部分（它們代表你背負的各種重擔）塗上顏色。然後到了晚上，回顧一下什麼是這次「遠足」最至關重要的，以及什麼是不必要的。這種做法可以建立自我反思的習慣。而隨著時間的累積，這種習慣會使你更加地覺察到，什麼才是對你的心態最有用的。你可以把它想成是上健身房——你設定時間表、建立自己的心理循環訓練常規，並選擇對你最有效果的練習。至於你的哪些部分需要最多的關注和照顧，則完全由你來決定。

——凱洛琳（Caroline）

伊斯特本的撒瑪利亞會志工、

調解員及《心理健康》（*Mental Fitness*）作者

建立界限與標準

有時候我們給自己太多的壓力，想要包辦所有的事——支持他人、承受額外的責任、做別人想要的、或滿足他人對我們的期待。事實上，我們偶爾停下來反思一番也沒關係，藉此看看我們是否承擔得太多，以及我們是否必須放下手頭上的某些事。

個人的界限是指那些界定我們的關係範圍的想法、感受和信念。提醒自己和他人你需要什麼才能感到安全、滿足、有價值是非常重要的，它們可能包括情感、身體、性、心理或金錢。思考一下你與別人相處的情形。舉例來說，如果你跟人相處沒有什麼界限的話，可能表示你很難拒絕別人或承擔太多的責任；如果你跟人相處有很嚴格的界限，則可能表示你很難讓別人走進你的世界。

爲自己和他人設定界限或標準、並解釋爲了保持健康我們必須堅持這些原則是很正常的。譬如說，告訴別人你不想出門參加交際活動是沒問題的。或者有朋友或家人請求你承擔某種責任（不論是情感或工作），而你當下就告訴對方你無能為力也沒關係。此外，明確的界限和標準也能幫助你看出別人是否尊重你的需求，而這種尊重在良好、平衡的關係中是至關重要的。跟別人溝通你可接受及不可接受之事，其實是對別人開誠布公的一個很棒的練習。

列出你想為自己設定的界限：

....

....

....

....

列出你想爲自己設定的標準：

列出你想爲他人／某人設定的界限：

列出你想爲他人／某人設定的標準：

10

我願意照顧好自己

什麼是自我照顧？

對不同的人而言，自我照顧的定義也不一樣。對某些人來說，自我照顧是把好習慣變成自己的基本常規，例如確保自己吃得好、睡得好、有好好地運動和思考。對其他某些人來說，自我照顧是透過瑜伽、呼吸、靜心、正念之類的方法使自己的身心平靜下來。此外，自我照顧也可以是創造、教育、與他人建立良好的關係、自我寬恕、放下無益之事及保持希望。它也可能是爲你的心理或生理作出正確的診斷，然後找出最好的方法來治療及恢復健康。總而言之，自我照顧就是以你對待別人的相同方式來對待自己——懷著仁慈、同理心和惻隱之心。

自我照顧也是了解如何讓自己逐漸維持平衡的長期過程的一部分，如此一來，當你開始下降到情緒健康量表的底部時（參閱第56頁），你就會有現成的工具來支持自己。這些工具可能包括長期的正念、靜心和自我意識的練習，來確保你的想法受到支持；或是目前正在進行的創造或教育活動，以及規律的運動習慣和身體健康。有些人發現，維持固定的常規可以幫助他們產生一種秩序與平衡的安心感。

接下來的內容，我們會檢視一些關於如何落實自我照顧的小訣竅和建議，藉此讓你想一想什麼對你來說會最有效果。

運動

對我們每個人來說，我們選擇活動身體的方式是非常個人的事。運動對於健康很重要，但你不必運動得特別激烈才能感覺良好。慢步調的活動（例如：散步）除了能達到某種程度的健康效果，也能促進社交的互動。各種的身體活動會在我們的大腦內釋放使我們感到快樂的腦內啡。

想一想你最喜歡的身體活動。什麼可以讓你動起來，以及什麼最適合你的生活方式？你認爲自己可以把這些活動建構成每天或每週的計畫嗎？

以下是一些讓你的身體動起來的建議：

- 做簡單的伸展
- 嘗試慢跑
- 游泳
- 在家跟著做網上的健康教學
- 騎腳踏車
- 參加瑜伽課程
- 散步
- 報名健身房
- 參加運動課程
- 加入當地的運動團體

備註：

營養

對你來說，要吃什麼及什麼時候吃是非常個人的事。花一點時間反思這一點，並想一想你最健康的選擇是什麼。要認知到，這是你有意識的選擇，而當你設定你的意圖時，你心中已擁有了自己的健康。試著培養能提醒你照顧自己的心態，並爲你的心理健康吃好一點，不論那些食物是什麼。

營養是重要的，你必須把正確的燃料送進身體才能保持健康。你需要能量來展開你的一天，也需要好的食物來幫助你晚上睡個好覺。

想一想你的習慣，看看有什麼是你想改變的。

你吃東西的模式是什麼？

你對這些模式的感覺是怎樣的？

你有想改變的地方嗎？

如果有，你將如何做出這些改變？

你可以向誰尋求支持？

如果你沒有完全地做出這些改變，你會有什麼感覺？

如果你確實做出這些改變，你會有什麼感覺？

你要如何確保你會在整個過程中疼惜自己？

備註：

睡眠

好好的休息就像是電腦重新開機。我們需要充電才能療癒。我們睡覺時身體會修復自己，而我們的大腦也會處理當天的經歷。睡不好會使我們感覺迷迷糊糊的、導致焦慮和憂鬱，甚至可能影響我們的免疫系統。

想一想你的睡眠模式，並問自己有什麼是你想改變的。

你睡得好嗎？

你晚上都睡多久？

你認爲睡多久對你是好的？

是什麼導致你無法好好睡覺？

你認爲什麼可以幫助你睡得更好？

備註：

擰乾情緒海綿

當我們承擔過重時，就需要知道該如何放下其中一些重擔。

想像洗澡用的海綿。當海綿是乾燥的，你拿起它時感覺會是輕的。你可以將它隨處一丟，然後再把它撿起來。但是當你把海綿放進浴缸裡，它就會開始吸水，很快地，它就會吸飽水分而沉到浴缸的底部——它已無法再吸收更多的水，並且會變得沉重。爲了讓海綿再次變輕，你可以把它的水擰出來，然後放著晾乾。

情緒的狀況也是如此。有時候我們可以承擔一些事情，譬如日常生活的壓力、緊張和問題。可是當我們承擔過多、吸飽了水分時，我們就必須找到釋放重擔的方法，否則我們就會感覺往下沉。

想一想你是如何「把海綿的水擰出來」的。當你感到心情低落或焦慮不安時，你是怎樣恢復情緒的。你上健身房來增加你的腦內啡嗎？你打電話給朋友傾吐你的心事嗎？你窩在被子裡看你最喜歡的電視節目嗎？

列出你可以把情緒海綿的水擰出來的一些方法：

....

....

....

....

....

專注於感官

如果你正苦於不知所措或負面的感受，你可以當下做一些事情，它們可以幫助你把焦點從難熬的心態轉移到更正面的心態。你可以把它想成是感官的開關，它能中斷那些混亂或嘈雜的念頭，抑或負面自我對話的迴路。

爲了讓神經元突觸擺脫某種思維方式，就把焦點放在眼前樂觀或使人平靜的事物上，從而讓自己可以開始放鬆。例如：

- 喝一杯茶
- 點一根香氛蠟燭
- 洗一個溫暖的泡泡澡
- 裹在舒適的被窩裡
- 爲自己做飯
- 看一部你喜歡的影片或電視節目
- 試著練習咒語（參閱第238頁）
- 聽音樂
- 用精油做按摩或芳療
- 改變場景，例如去戶外、商店、公園或開車兜風
- 去戶外呼吸新鮮空氣

添加你自己對於專注於感官的一些想法：

品味當下和強化覺知

直接覺察眼前的發生能促進你的健康，品味當下則有助再次確定你的優先順序。強化覺知也能促進自我了解，並讓你根據自己的價值和動機作出自信的選擇。

以下是你可以嘗試的一些建議：

- 關閉手機一陣子
- 種植物
- 找一天清理雜亂的東西
- 走出戶外到大自然中
- 找一家新的咖啡廳吃午餐
- 散步
- 注意你的親友、家人和同事的感受或行爲
- 練習正念
- 看著窗外的景色或書中的某個圖像，仔細注意所有的小細節

添加你自己對於享受當下和周遭一切的一些想法：

……

……

……

……

……

學習

終身學習可以增加自尊心，並能促進社交互動及更活躍的生活方式。設定目標的落實與更高層次的健康有重大的關聯性。何不今天就學點新的東西呢？例如：

- 嘗試新的食譜
- 報名課程
- 練習靜心
- 讀新聞、書籍或雜誌
- 玩填字遊戲或數獨
- 學會彈奏一種樂器
- 研究你一直感到好奇的事物
- 學一個新字詞
- 看一部有趣的紀錄片
- 學會某首歌的歌詞或旋律

添加你自己對於學習方式的一些想法：

付出

社會與社區生活的參與對健康大有助益，而回饋與善行也確實能改善我們的心情。例如：

- 對陌生人微笑
- 擔任志工
- 煮一餐送給朋友吃
- 捐助義賣的商店
- 探望年老的鄰居
- 製作禮物送給某人

添加你自己對於付出方式的一些想法：

……………………………………

……………………………………

……………………………………

……………………………………

……………………………………

與他人建立良好的關係

親近及受人重視的感覺是基本的人性需求，同時也是促進情緒健康所必需的。因此，你可以在職場、家裡、學校或當地的社區，與朋友、摯愛的人、家庭成員、同事或鄰居建立良好的關係。例如：

- 安排探望一位朋友
- 與某人交談，而不是寄電子郵件
- 打電話給某位家庭成員
- 跟新認識的人說話
- 問某人的週末或日子過得好不好，然後認真傾聽他們告訴你的話
- 參加社團
- 讓同事搭你的便車上班或一起下班回家

添加你自己對於與他人建立良好關係的一些想法：

創造力

做有創意的東西是眞正讓心思凝聚及專注的有趣方式，而用雙手製作某種有質感的東西也能爲大腦和身體帶來平衡。這麼做會刺激我們的感官（例如：視覺和觸覺），並釋出多巴胺（大腦中一種能幫助我們感到快樂的化學物質）。而努力要完成作品也會爲我們帶來目的感。例如：

- 煮或烤一種有難度的食物
- 試著寫一首詩或短篇故事
- 爲某樣東西進行素描或油畫
- 寫日記或做剪貼簿

- 製作主題播放清單
- 嘗試網路上的手工藝教學
- 玩拼圖遊戲
- 報名常規班或課程
- 做正念彩繪或著色

添加你自己對於變得有創意的一些想法：

……………………………………

……………………………………

……………………………………

……………………………………

……………………………………

衛生與秩序

整理周圍的空間有助於身體和情緒的健康。在所處的環境中感到幸福和自在，能減少壓力和不知所措的感覺，並使我們專注於我們必須或想要做的事情上。例如：

- 爲這一天做計畫
- 洗衣服
- 清理你的生活空間
- 整理架上的東西
- 列出這一週的購物清單
- 設定今天的目標（參閱第348至352頁）
- 更換床上用品
- 列出你必須做的差事

添加你自己對於專注在衛生與秩序的一些想法：

利用以下空間寫出你短期想要嘗試的自我照顧的一些想法：

利用以下空間寫出你長期想要優先落實的自我照顧的一些想法：

專家分享

正念和自我照顧是一種鍛鍊，而不是速效藥

根據我與年輕的彩虹族群（LGBTQ+ people）的接觸，以及我在撒瑪利亞會擔任志工的經驗，我發現當今人們雖然更加體認到心理健康的問題，但對於疼惜自己的部分仍是不足的，而且人們往往只是在追求速效藥。我非常推薦正念，然而正念是什麼、你必須做什麼才能讓它產生效果、以及它為什麼能幫助你，了解這些是很重要的。靜心應用程式在市場上銷售或被指定為「快速有效」的工具，但這種你可以「直接做正念」的觀念有一點誤導大眾，因為當人們已經心亂如麻時，他們根本就不會想要躺下來、呼吸、傾聽這些念頭。事實上，他們會主動地試著不去想眼前發生的事。此外，當他們最後真的坐下來做正念、但沒有立刻產生任何效果時，他們就會怪罪自己，

或者認為正念是無效的。但其實正念只是一個開始。當你開始練習靜心時，你必須知道這一開始可能會很困難，你第一次可能無法做得很好。不過，這是正常的。你必須要有正確的心態；你必須認識到，你的大腦是一種肌肉，而正念是一種鍛鍊，你必須經常練習才能感受到效果。它不是你可以在手機上做一做就能感覺好轉的速效藥。

我們也必須練習疼惜自己，用同理心、諒解和仁慈來對待自己。做到這一點的最佳辦法之一，就是透過自我照顧。它的重點不僅是處於此時此地，它還包括為你的練習打好基礎，以便在你需要的時候能立刻支持你。有時候它是在晚上泡澡及看你最喜歡的電視節目；有時候它是把衣服放進洗衣機，然後做五分鐘的正念練習。如果你感覺很糟糕，尤其是當你的念頭已經失控時，它能在當下提供必要的注意力轉移。此外，自我照顧也是帶著愛心問自己：「明天的我會感謝我今天做的事嗎？」

事實上，當你有無數的事情要思考、重複做著每天的苦差事時，你並不會想到要整理出你的情緒支持計畫書（參閱第27～30頁），或記下你的應付機制來提醒自己這是可以熬過去的事。這就是為什麼這件事是如此重要：當我們處於平靜的狀態或順境時，就要找時間練習這些應付的技巧，從而使我們在掙扎的當下便能習慣性地使用這些技巧。這種鍛鍊是持續漸進的，就如同你不可能一出門散步就立刻感覺自己變得更健康了。但如果你是每天都出門散步，那麼隨著時間的累積，你就會開始看見自己在健康上的進步。你可以先設定一個簡單的目標作為開始。一週只要先做幾次數分鐘的正念練習，當你越來越有信心後，就可以增加練習的次數和時間。

如同治療一樣，某些類型的自我照顧並不會立刻使你感覺變好一點；它們甚至還可能會挖出那些你必須花更多時間解決的東西。現在就下功夫練習，好讓你在逆境來臨時有工具可以協助你。這一開始可能會很辛苦。當你付出了努力卻沒有立刻感受到效果時，你可能會很緊張。你也可能會害怕現身，因為你不想面對眼前發生的狀況。但即使這是困難的事，或者你覺得自己做得還不夠好，請記住，這是為了幫助你在長遠的將來能夠感覺更好、應付得更好而做的事。

——莎拉（Sarah）

威爾斯的撒瑪利亞會志工

療癒時間

畫出你的想法和感覺

當我處於平靜的狀態，我的想法是像……

（舉例來說，它可能是一個圓形、一條線、或你喜歡的任何東西。）

當我處於壓力／焦慮／不知所措的狀態，我的想法是像……

（舉例來說，它可能是胡亂的塗鴉或一朵雲。你可以畫任何你想到的東西。）

正向的肯定語

利用這個空間來學習或寫出一些能幫助你訓練大腦用更正向的方式思考的肯定語。以下是一些你可能想要熟記的肯定語：

- 我很重要。
- 我是足夠的。
- 我接受我自己。
- 我在此地，就是現在。
- 每天都是新的開始。
- 我有這樣的感覺也沒關係。
- 這很難受，但我以前也熬過去了。

在以下的空間寫出你自己的一些正向心態的肯定語：

打造幸福工具箱

當你面臨情緒上很難受的事情時，你可能會很難應付它們。但重要的是，你要有個人的工具箱。把那些對你的行爲模式最爲有效，以及你知道自己處於困難、煩惱、極度苦痛的狀況時對你最有用的東西，都放進工具箱裡。

你的工具箱裡要有自我照顧的那些「較軟性」的工具，也需要有可持續使用的長期工具。想一想那些對你最有效的事物，不論是運動、正念、手工藝製作、建立關係、找朋友——所有你會經常回來使用、長遠來說眞正能幫助你的那些方法。接著是解決潛在的危機時刻。如果覺得事情眞的很棘手，你或許不會想要坐下來靜心，但也許那時候洗個溫暖的泡澡會幫助你立刻平靜下來。

試著去發現那些能在你感覺難過時幫助你的事物，並承認那些你可能需要爲你的長期幸福而努力的事情。什麼是能使你保持完整的強力膠，或是在你必須尋求幫助和支持時能讓你放鬆的潤滑劑？

請求實際的支持

有時候當你正在經歷逆境時，你可能希望找人來幫忙做飯、洗衣服或協助其他日常瑣事之類的事情。你或許很難開口告訴別人自己正在經歷什麼。通常來說，當你的情緒真的令你很痛苦時，你會覺得別人說什麼都不重要。那時沒有什麼能使你感覺好一點。但此時如果有人能幫助你的話，情況就會變得很不一樣。所以不要害怕請求別人幫忙處理事情來讓你的肩膀少一些負擔。

以下是你可能會想請人幫忙的一些事：

- 購買及準備食物
- 整理帳單
- 起身及穿衣服
- 在某個地方搭便車
- 照顧你的寵物
- 完成家庭雜務
- 處理其他的事情

做好那些每天都必須做的事，可以使你不再感到不知所措和焦慮。利用以下空間寫下當你在苦苦掙扎時，你可能需要別人幫忙的待辦清單。

你需要協助的待辦清單：

自我檢測

你在想什麼？

你的感覺如何？

你能不帶論斷地接受自己的想法和感覺嗎？

你能用一個詞來形容你的情緒嗎？

你能不自我批評地接受這些情緒嗎？

你相信這一切都會過去嗎？

當最糟糕的感覺已經過去，你能看出自己為什麼會有那種感覺嗎？

你能了解導致你有那種感覺的原因嗎？

你是否能不再控制自己的情緒，甚至是在你擔心這個想法或感覺可能再次發生的時候？

你的應付機制是什麼？

若這個想法或感覺又再次浮現，你會怎麼做？

自我安撫

當我感到……………………時，以下這些事情可以讓我感覺好一點：

……………………

……………………

……………………

當我感到……………………時，以下這些事情可以讓我感覺好一點：

……………………

……………………

……………………

當我感到＿＿＿＿時，以下這些事情可以讓我感覺好一點：

當我感到＿＿＿＿時，以下這些事情可以讓我感覺好一點：

色彩呼吸

當你經歷負面的想法、感受或情緒時，想像你的身體正充滿著某種顏色，例如：紫色，但你可以隨意選擇任何的顏色。

爲了擺脫你身體內的負面能量，想像你吸入的空氣是另一種顏色，譬如：黃色，但它也可以是你有正面聯想的任何顏色。

爲了讓黃色有更多的空間，你必須把紫色吐出來。持續吸氣默數到某個數字（例如：吸氣數到四、吐氣數到六就很好記），持續專注在增加正面的顏色上，直到負面的顏色完全被它取代。

吸氣時，你注意到什麼？

吐氣時，你注意到什麼？

我曾經這樣幫助別人：

我可以這樣幫助別人：

我曾經這樣令人開心：

我將會這樣令人開心：

「善行再小也不會白費。」

——古希臘哲學家　伊索（Aesop）

在第340頁太陽的光芒裡寫出你是什麼，例如：「我是充滿感激的。」

我是充满感激的。

「尋找那要求你投入整個生命的道路。」

——詩人　魯米（Rumi）

11

每一天善待自己與他人

這本書的最後幾頁包含了反思和設定意圖的一些提示，以及心情追蹤範本來幫助你確保了解自己的感受。

在撒瑪利亞會的對話尾聲，人們往往會對我們說：「非常感謝你給我那麼棒的建議。」當然，我們不會給建議；我們只是傾聽，並幫助當事人有條理地闡述他們的想法。我們的方式是讓他們有些許的清晰度來進入稍微好一點的心理狀態。因此，我總是會說：「別忘了讚賞**你自己**！因爲這趟旅程是由你而起。雖然這一路上幫助你的人承擔了此次旅程中的一小部分重量，因而減輕了你的負擔，但他們能這樣幫助你，是因爲他們聽了你告訴他們的事。此外，在那一刻爲你作出正確決定的也是你。」

這裡同樣也是如此。不管你接下來想要做什麼，不論是保證自己要好好地自我反思、決定研究更多關於情緒健康的不同面向、或是打算跟某人討論這趟旅程的內容，只要你感覺良好，它們就是好的。

不論你選擇走哪一條路，都要小心謹慎，並且要記得，你永遠沒必要自己單獨面對你的想法和感受，撒瑪利亞會隨時有人願意聽你傾訴。

日暮省思

日期：　　／　　／

今天你有哪些事情做得不錯？

你要怎樣祝賀自己？

設定今天的目標

日期：　　／　　／　　

我今天想把焦點放在：

我的日常慣例是：

我今天善待自己的方式是：

我今天善待他人的方式是：

今天我會：

（例如：傾聽自己、優先安排時間來與自己連結、與他人建立良好的關係、疼惜自己並且不批評自己、不論斷其他任何人。）

我今天落實自我照顧的方式是：

我今天落實疼惜自己的方式是：

我今天落實自我同理的方式是：

我今天獎勵自己達成的一切的方式是：

設定本週的目標

日期：……／……／……

我本週想把焦點放在：

我每週的慣例是：

我本週善待自己的方式是：

我本週善待他人的方式是：

本週我會：

我本週落實自我照顧的方式是：

我本週落實疼惜自己的方式是：

我本週落實自我同理的方式是：

我本週獎勵自己達成的一切的方式是：

每日心情追蹤

利用下頁表格來記錄你的感受，並看看是否有任何模式是你要進行反思的。要注意的是，你可能不是一直都能感受到當天行爲的影響，所以要追蹤你的感受，然後檢視你所記錄的內容。問自己，今天你能做什麼來讓明天做得更多一點，不論你的目標是什麼，也不管它們是大或小。

把你要追蹤的感受塡入表格中——選擇對你最有幫助的任何感受。前兩個已經塡入的感受是作爲範例。每一天，將你當天最具代表性的感受標示出來。

本週起始日期：................ / .... / ....

今天，我覺得……

	星期一	星期二	星期三	星期四	星期五	星期六	星期日
快樂							
悲傷							

利用本頁作爲額外的說明和反思：

星期一，我……

星期二，我……

星期三，我……

星期四，我……

星期五，我……

星期六，我……

星期日，我……

每週自我照顧檢視清單

列出你想作爲自我照顧常規的一部分的所有事情。如果你需要意見的提示，可以回頭參閱第十章的內容。每天至少標示它們其中一個，來開始習慣撥出時間善待自己及疼惜自己。當你在做清單上每個自我照顧的要點時，要提醒自己自我照顧的重要性，並專注於與當下連結。每天寫幾行關於反思的文字。

本週起始日期：……………… / ……………… / ………………

	星期一	星期二	星期三	星期四	星期五	星期六	星期日
喝一些水							
做呼吸練習							
外出呼吸新鮮空氣							

每週心情追蹤

利用下頁表格來對你更長期的感受做更整體性的反思。如果你發現自己的情緒、想法和行爲每天起伏不定，你可能會比較喜歡用前面的每日心情追蹤。然而，有時候當我們經歷了人生的大轉變或重大的動盪期，那麼回顧那段時間來看我們走了多遠，或檢視我們是否卡在某種行爲模式中（我們可能需要一點助力來改變它），可能會非常有幫助。

在第一欄填上你想關注的整體感受（它們或許可以不必像每日心情追蹤那樣具體）。前三個已經填入的感受是作爲範例。每一週，將你當週最具代表性的整體感受標示出來。

追蹤起始日期：......................./......................./.......................

	第一週	第二週	第三週	第四週	第五週	第六週
良好						
不好						
起伏						

	第七週	第八週	第九週	第十週	第十一週	第十二週
良好						
不好						
起伏						

	第十三週	第十四週	第十五週	第十六週	第十七週	第十八週
良好						
不好						
起伏						

我對於這幾週以來的心情模式的反思是：

....

....

....

我的待辦清單

記得把「列出清單」作爲清單上的第一項目，如此一來，你就永遠至少有一項是完成的。

日期：……／……／……

＊……

＊……

＊……

＊……

＊……

國家圖書館出版品預行編目（CIP）資料

陪每天的自己聊聊：英國生命線個人情緒覺察手冊／凱蒂·可倫波斯（Katie Colombus）著；謝明憲譯. -- 初版. -- 臺北市：橡實文化出版：大雁出版基地發行，2023.01
面； 公分
譯自：Pathways : your journey to emotional wellbeing.
ISBN 978-626-7085-62-2（平裝）

1.CST: 心理衛生

172.9 111019069

BC1115

陪每天的自己聊聊：英國生命線個人情緒覺察手冊

Pathways: Your journey to emotional wellbeing

作　　者　凱蒂·可倫波斯（Katie Colombus）
譯　　者　謝明憲
責任編輯　田哲榮
協力編輯　劉芸蓁
封面設計　朱陳毅
內頁構成　歐陽碧智
校　　對　蔡函庭

發 行 人　蘇拾平
總 編 輯　于芝峰
副總編輯　田哲榮
業務發行　王綬晨、邱紹溢、劉文雅
行銷企劃　陳詩婷
出　　版　橡實文化 ACORN Publishing
地址：231030新北市新店區北新路三段207-3號5樓
電話：（02）8913-1005　傳真：（02）8913-1056
網址：www.acornbooks.com.tw
E-mail信箱：acorn@andbooks.com.tw
發　　行　大雁出版基地
地址：231030新北市新店區北新路三段207-3號5樓
電話：（02）8913-1005　傳真：（02）8913-1056
讀者服務信箱：andbooks@andbooks.com.tw
劃撥帳號：19983379　戶名：大雁文化事業股份有限公司

印　　刷　中原造像股份有限公司
初版一刷　2023年1月
初版二刷　2024年1月
定　　價　450元
I S B N　978-626-7085-62-2